동물의 분류와 학명

동물을 분류하는 방법을 살펴보면, 특성이 같은 것을 모아서 '목', '과', '속,' '종' 등의 무리로 각각 나누어요. 이것을 '분류'라고 해요. 그리고 동물마다 세계 공통으로 쓰이는 이름인 '학명'이 있어요. 학명은 '속'의 이름과 '종'의 이름을 합친 것으로, 학명의 '속'을 보면, 가까운 '종'에 속하는 동물이 무엇인지 알 수 있답니다. 인간을 예로 들면, '속'은 성, '종'은 이름인 셈이지요.

타이거스네이크의 분류와 학명

파충류의 95%, 생물 중 7,000여 종이 뱀목에 속한다. 도마뱀붙잇과, 이구아나과, 도마뱀과, 보아과, 살무삿과, 코브라과 등이다.

코브라과는 치명적인 신경독을 지녔다. 맘바속, 코브라속, 타이거스네이크속 등이 속한다.

분류	뱀목 코브라과
학명	*Notochis scutatus*

학명 *Notochis*는 속 이름이다. 한국어로는 타이거스네이크속이며, 타이거스네이크와 블랙타이거스네이크가 이에 속한다.

학명 *scutatus*는 종 이름이다. '종'은 동물을 분류할 때 가장 기본이 된다.

KOWAI IKIMONO NO SUGOI HIMITSU② DOKUNOARU IKIMONO HA SUGOI!
by Takehiro Takahashi
Supervised by Kouji Shintaku
Copyright ⓒ g.Grape Co., Ltd., 2018
All rights reserved.
Original Japanese edition published by GODO-SHUPPAN Co., Ltd.

Korean translation copyright ⓒ 2019 by Studio Dasan Co., Ltd.
This Korean edition published by arrangement with GODO-SHUPPAN Co., Ltd.,
Tokyo, through HonnoKizuna, Inc., Tokyo, and Shinwon Agency Co., Seoul

이 책의 한국어판 저작권은 신원에이전시를 통해 저작권자와 독점 계약한 (주)스튜디오다산에 있습니다.
저작권법에 의해 한국 내에서 보호를 받는 저작물이므로 무단 전재와 무단 복제를 금합니다.

굉장해!

더 독한 동물도감

다카하시 다케히로 지음 | 신타쿠 코지·이정모 감수 | 정인영 옮김

시작하는 글

여러분은 '독 있는 동물'에 관해 얼마나 알고 있나요? 독은 매우 무섭고 위험해요. 심지어 사람을 죽이기도 하지요. 그런데 어떤 동물이 무슨 독을 지녔는지 꼼꼼하게 알아 두면, 위험한 상황에 맞닥뜨려도 현명하게 대처할 수 있답니다.

생각해 보면, 독은 꼭 두렵고 무서운 것만은 아니에요. 독 있는 동물을 들여다보면, 뜻밖의 모습을 찾을 수 있거든요. 사자나 늑대 같은 포악한 맹수와는 달리, 독 있는 동물은 덩치도 작고, 겁도 많지요. 또 불필요한 다툼을 피하려고, 선명한 경고색을 띠며 멀리서부터 천적에게 독이 있다는 걸 알려요. "나는 독이 있으니, 건드리지 마세요!" 하고 말이지요. 인간이 먼저 자극하지 않는 한, 독으로 먼저 공격하는 일도 거의 드물답니다.

물론, 독은 '위험한 무기'가 분명해요. 그렇다고 무조건 독 있는 동물을 혐오하는 건 옳지 않아요. 동물 저마다 독을 갖게 된 나름의 이유가 있을 테니까요. 독 있는 동물이 사는 방식은 알면 알수록, 우리가 상상한 것보다 훨씬 매력적이고 독특해요. 이 책을 읽고 나서 독 있는 동물이 궁금하다면, 동물원이나 수족관으로 달려가세요. 그리고 가만히 그들을 지켜보세요. 생각지도 못한 놀라운 행동이나 숨은 매력에 빠져들 거예요. 독 있는 동물은 다루기가 몹시 까다로워서 연구할 때 늘 어려움이 따라요. 그래서 여전히 풀지 못한 수수께끼가 가득하지요. 언젠가 독자 여러분 중에서 이런 동물을 연구하는 학자나 연구자가 나온다면, 더없이 뜻깊고 기쁜 일이 될 거예요!

생태과학연구기구 이사장, 신타쿠 코지

이 책의 사용법

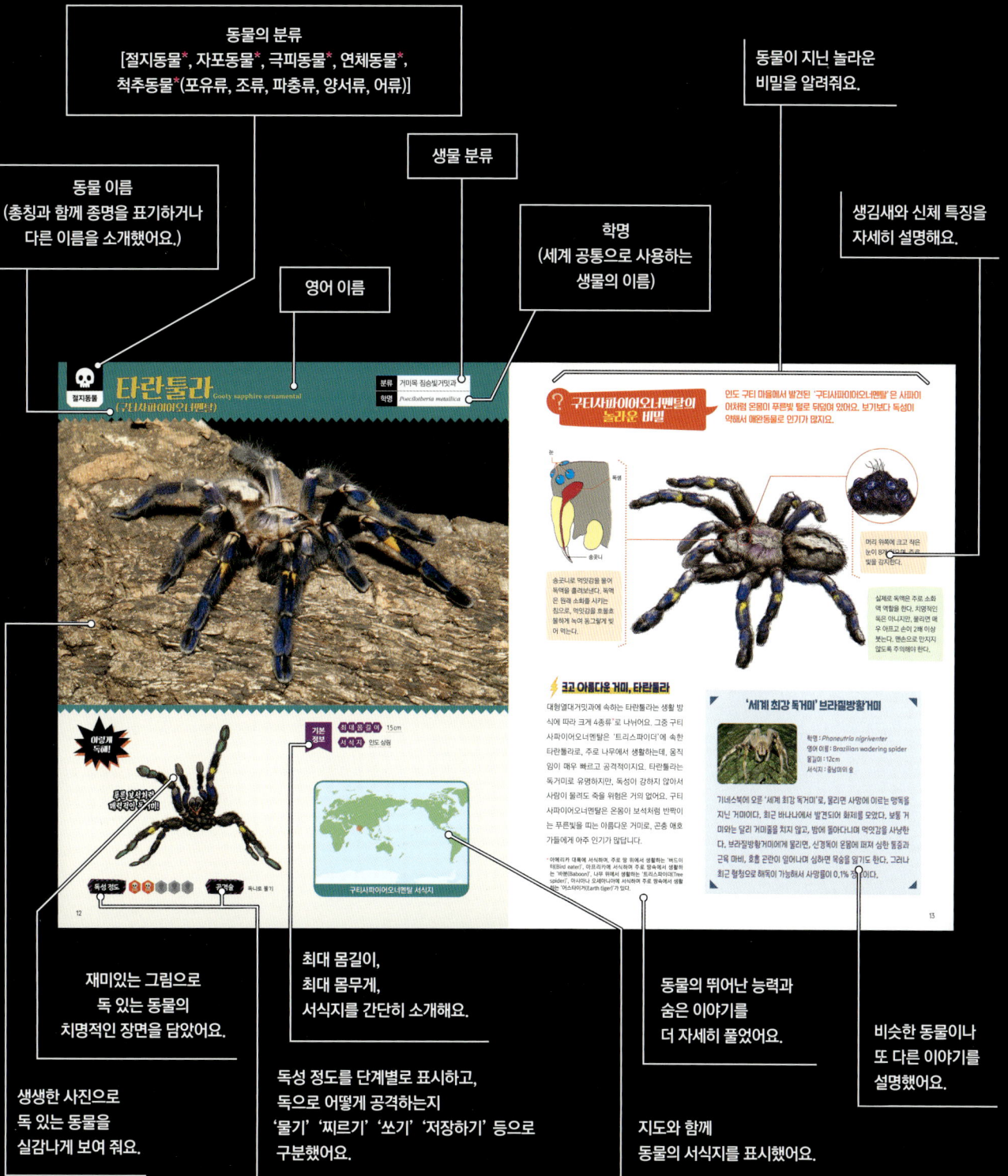

- **동물의 분류**
  [절지동물*, 자포동물*, 극피동물*, 연체동물*, 척추동물*(포유류, 조류, 파충류, 양서류, 어류)]

- **동물이 지닌 놀라운 비밀을 알려줘요.**

- **동물 이름**
  (총칭과 함께 종명을 표기하거나 다른 이름을 소개했어요.)

- **생물 분류**

- **생김새와 신체 특징을 자세히 설명해요.**

- **영어 이름**

- **학명** (세계 공통으로 사용하는 생물의 이름)

- **재미있는 그림으로 독 있는 동물의 치명적인 장면을 담았어요.**

- **최대 몸길이, 최대 몸무게, 서식지를 간단히 소개해요.**

- **동물의 뛰어난 능력과 숨은 이야기를 더 자세히 풀었어요.**

- **비슷한 동물이나 또 다른 이야기를 설명했어요.**

- **생생한 사진으로 독 있는 동물을 실감나게 보여 줘요.**

- **독성 정도를 단계별로 표시하고, 독으로 어떻게 공격하는지 '물기' '찌르기' '쏘기' '저장하기' 등으로 구분했어요.**

- **지도와 함께 동물의 서식지를 표시했어요.**

* **절지동물** : 곤충류, 거미류, 지네류, 게류 등을 포함.   * **자포동물** : 말미잘류, 산호류, 해파리류 등을 포함.   * **극피동물** : 불가사리류, 성게류, 해삼류 등을 포함.
* **연체동물** : 조개류, 오징어류, 문어류 등을 포함.   * **척추동물** : 등뼈가 있는 동물.

차례

시작하는 글 ··· 2

이 책의 사용법 ·· 3

치명적인 독침과 독니의 정체는? ············· 6

동물의 독이란? ·· 8

독 있는 동물은 왜 화려할까? ··················· 10

타란툴라(구티사파이어오너멘탈) ············ 12

왕지네(아마존왕지네) ································ 14

전갈(데스스토커) ······································· 16

로노미아오블리큐아(로노미아애벌레) ···· 18

지구 최강 독벌레는 누구? ······················· 20

❓ 독 있는 곤충을 피하려면 어떻게 해야 할까? ········ 21

송편게(매끈이송편게) ································ 22

팔리토아말미잘(마우이말미잘) ········· 24

악마불가사리(넓적다리불가사리) ········· 26

파란고리문어 ········· 28

스톤피시(독전갈물고기) ········· 30

독화살개구리(황금독화살개구리) ········· 32

불도롱뇽 ········· 34

타이거스네이크(호랑이뱀) ········· 36

최강 독사 모여라! ········· 38

❓ 육지 뱀과 바다뱀 중 누가 더 위험할까? ········· 39

독도마뱀(아메리카독도마뱀) ········· 40

피토휘(두건피토휘) ········· 42

오리너구리 ········· 44

마치는 글 ········· 46

찾아보기 ········· 47

치명적인 독침과 독니의 정체는?

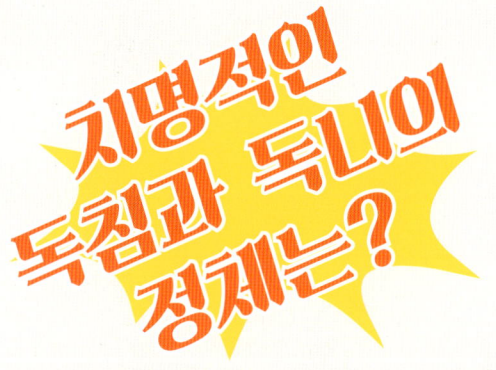

동물 중에는 사람을 죽일 만큼, 강력한 맹독을 지닌 동물도 있어요. 하지만 동물의 독은 사람을 죽이려는 목적이 아니라 먹이를 사냥하거나 자기 몸을 보호하기 위한 수단일 뿐이에요. 이 책에 등장하는 독 있는 동물은 저마다 독특한 무기로 독을 내보내지요. 누구인지 한번 알아맞혀 볼까요?

꼬리의 강한 독침! 이 독침의 정체는? 16쪽에!

날카롭고 강력한 독니! 이 독니의 정체는? 14쪽에!

치명적인 맹독 가시털! 이 가시털의 정체는 18쪽에!

독을
모아 둔 집게발!
이 집게발의 정체는?
22쪽에!

온몸을
감싼 독 가시!
이 독 가시의 정체는?
26쪽에!

잇몸에
독을 저장해 둔 입!
이 입의 정체는?
40쪽에!

뒷발에
숨겨 둔 독 발톱!
이 독 발톱의 정체는?
44쪽에!

동물의 독이란?

동물들은 독을 어떻게 사용할까?

물기

쏘기

저장

찌르기

 독이 있는 이유는?

뱀에 물리거나 벌에 쏘이는 건 무척 위험해요. 자칫 목숨을 잃을 수도 있지요. 그런데 이 동물들은 왜 위험한 독을 지닌 걸까요? 독이 있는 동물은 일부러 인간을 공격하려는 건 아니에요. 다만, 먹잇감을 사냥하거나 적으로부터 자신을 방어하려고 독을 지니게 되었지요.

독을 사용하는 방법도 가지각색이에요. 뱀처럼 송곳니로 꽉 '물어서' 독을 몸속에 퍼트리거나, 벌처럼 가는 독침을 콕 '찌르기'도 하지요. 복어처럼 몸속에 독을 '저장해' 두거나 폭탄먼지벌레처럼 독을 찍 '쏘기'도 해요. 독을 쓰는 횟수도 동물마다 달라요. 독을 아무 때나 쓰는 동물도 있는 반면, 불도롱뇽처럼 큰일이 아니라면, 거의 독을 안 쓰는 동물도 있지요.

독에 따라 어떤 증상이 나타날까?

출혈 · 마비 · 복통 · 발열

현기증 · 저림 · 통증 · 사망

⚡ 독의 종류와 증상

동물마다 독을 얻는 과정도 다양해요. 뱀의 독은 먹이를 소화하는 침이 진화한 것이고, 복어는 먹이에서 독성분을 내장 기관에 저장한 거예요. 동물의 독은 크게 세 가지로, '출혈독', '용혈독', '신경독'으로 나누어요. 출혈독은 혈관 세포 등을 망가뜨려 몸속에서 출혈을 일으켜요. 용혈독은 혈액 안에 복잡한 화학 반응을 일으켜, 피가 멈추지 않게 하지요. 신경독은 신경을 마비시켜 근육 마비, 호흡 곤란, 심장 마비와 같은 치명적인 증상을 일으켜요. 심하면 목숨을 잃기도 하지요. 이런 증상은 어떤 종류의 독이 어떻게 들어갔는지에 따라 다양하게 나타나요. 다행히 독성을 제거하는 '혈청'이란 해독제가 개발되어 대부분 치료가 가능하답니다.

독 있는 동물은 왜 화려할까?

독화살개구리 친구들

딸기독화살개구리

푸른독화살개구리

노란줄무늬독화살개구리

독을 나타내는 경고색

어떤 동물은 천적이나 사냥감의 눈에 안 띄려고, 주변 환경과 비슷한 모습을 하며 살아가지요. 이것을 '의태'라고 해요. 그런데 이와는 반대로 독을 지닌 동물은 겉모습이 눈에 띄게 화려한 경우가 많아요. 예를 들어, 독화살개구리 종류는 몸빛깔이 각각 빨강, 파랑, 노랑 등 화려한 색이거나 물방울무늬, 줄무늬 들을 지녔어요. 화려한 겉모습으로 천적에게 독이 있다는 걸 미리 경고하는 거예요. 이를 '경고색'이라고 해요. 경고색은 '나는 독이 있어요!', '날 먹으면 큰일 나요!' 하고 메시지를 보내는 거예요. 독화살개구리처럼 작은 동물이 살아남을 수 있는 건 바로 이 경고색 덕분이지요.

⚡ 독사인 척하는 독 없는 뱀

원래 독이 없지만, '독이 있는 척'하는 동물도 있어요. 코브라과에 속하는 산호뱀은 맹독을 지닌 독사로, 몸 전체가 빨간색, 노란색, 검은색의 화려한 경고색을 띠고 있어요. 그런데 산호뱀의 경고색을 그대로 흉내 낸 뱀이 있어요. 바로 '밀크스네이크(우유뱀)'예요. 밀크스네이크는 독은 없지만, 독사인 산호뱀과 비슷한 모습을 띠면서 마치 독이 있는 것처럼 속임수를 쓴답니다.

사람들도 동물의 경고색을 모방하는 경우가 많아요. 위험한 공사 현장이나 건널목과 같은 주의가 필요한 곳에 노란색, 검은색, 빨간색의 경고색 표시를 곳곳에 해 두지요.

▲ 산호뱀처럼 화려한 줄무늬가 있는 스칼렛킹스네이크. 밀크스네이크 종류로, 독은 없다.

▶ 동물의 경고색을 모방한 공사 현장.

절지동물

타란툴라 Gooty sapphire ornamental
(구티사파이어오너멘탈)

분류	거미목 짐승빛거밋과
학명	*Poecilotheria metallica*

이렇게 독해!

푸른 보석처럼 매력적인 독거미!

기본 정보
- 최대 몸길이 15cm
- 서식지 인도 삼림

독성 정도 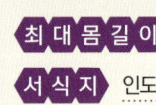　　**공격술** 독니로 물기

구티사파이어오너멘탈 서식지

구티사파이어오너멘탈의 놀라운 비밀

인도 구티 마을에서 발견된 '구티사파이어오너멘탈'은 사파이어처럼 온몸이 푸른빛 털로 뒤덮여 있어요. 보기보다 독성이 약해서 애완동물로 인기가 많지요.

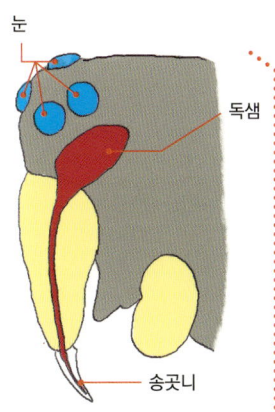

눈
독샘
송곳니

송곳니로 먹잇감을 물어 독액을 흘려보낸다. 독액은 원래 소화를 시키는 침으로, 먹잇감을 흐물흐물하게 녹여 동그랗게 빚어 먹는다.

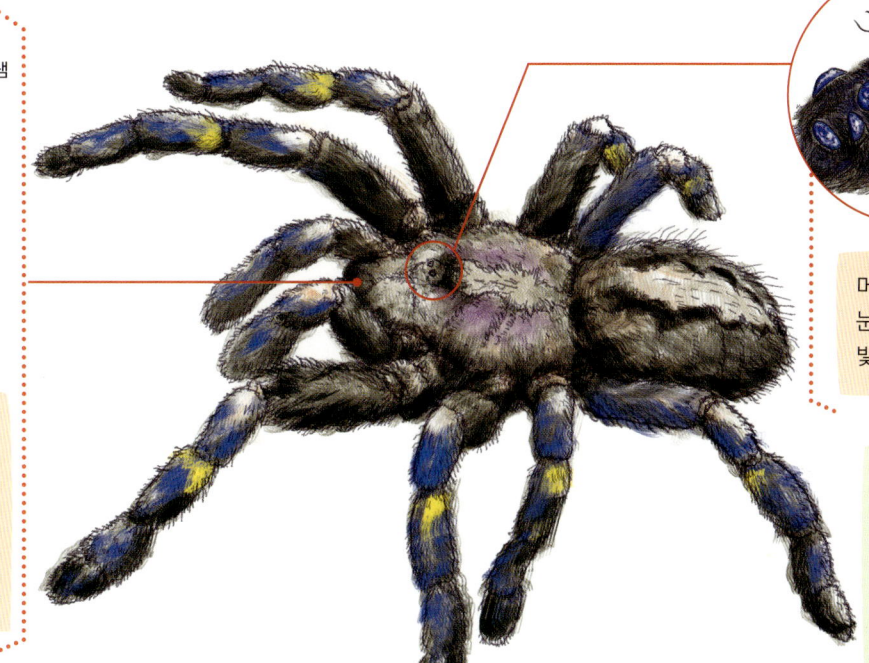

머리 위쪽에 크고 작은 눈이 8개 있으며, 주로 빛을 감지한다.

실제로 독액은 주로 소화액 역할을 한다. 치명적인 독은 아니지만, 물리면 매우 아프고 손이 2배 이상 붓는다. 맨손으로 만지지 않도록 주의해야 한다.

⚡ 크고 아름다운 거미, 타란툴라

대형열대거밋과에 속하는 타란툴라는 생활 방식에 따라 크게 4종류*로 나뉘어요. 그중 구티사파이어오너멘탈은 '트리스파이더'에 속한 타란툴라로, 주로 나무에서 생활하는데, 움직임이 매우 빠르고 공격적이지요. 타란툴라는 독거미로 유명하지만, 독성이 강하지 않아서 사람이 물려도 죽을 위험은 거의 없어요. 구티사파이어오너멘탈은 온몸이 보석처럼 반짝이는 푸른빛을 띠는 아름다운 거미로, 곤충 애호가들에게 아주 인기가 많답니다.

*아메리카 대륙에 서식하며, 주로 땅 위에서 생활하는 '버드이터(Bird eater)', 아프리카에 서식하며 주로 땅속에서 생활하는 '바분(Baboon)', 나무 위에서 생활하는 '트리스파이더(Tree spider)', 아시아나 오세아니아에 서식하며 주로 땅속에서 생활하는 '어스타이거(Earth tiger)'가 있다.

▎ '세계 최강 독거미' 브라질방황거미

학명 : *Phoneutria nigriventer*
영어 이름 : Brazilian wadering spider
몸길이 : 12cm
서식지 : 중남미의 숲

기네스북에 오른 '세계 최강 독거미'로, 물리면 사망에 이르는 맹독을 지닌 거미이다. 최근 바나나에서 발견되어 화제를 모았다. 보통 거미와는 달리 거미줄을 치지 않고, 밤에 돌아다니며 먹잇감을 사냥한다. 브라질방황거미에게 물리면, 신경독이 온몸에 퍼져 심한 통증과 근육 마비, 호흡 곤란이 일어나며 심하면 목숨을 잃기도 한다. 그러나 최근 혈청으로 해독이 가능해서 사망률이 0.1% 정도이다.

절지동물

왕지네
(아마존왕지네) Peruvian giant yellowleg centipede

분류	왕지네목 왕지넷과
학명	*Scolopendra gigantea*

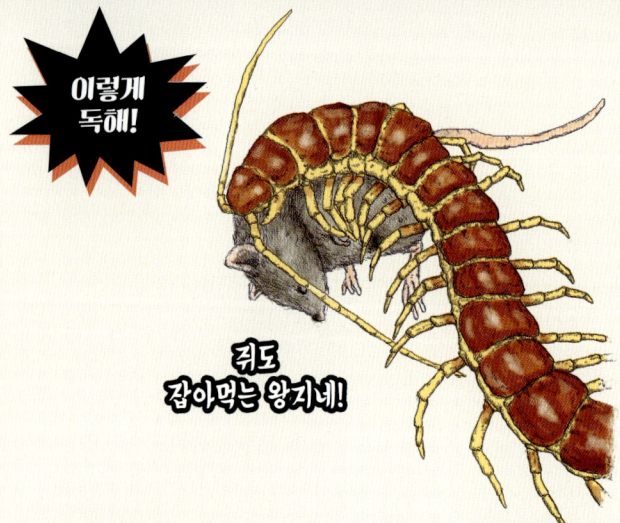

이렇게 독해!

쥐도 잡아먹는 왕지네!

기본 정보
- 최대 몸길이: 40cm
- 서식지: 남아메리카 북부 아마존 열대우림

아마존왕지네 서식지

독성 정도   　　**공격술** 독니로 물기

아마존왕지네의 놀라운 비밀

플라스틱 그물을 갈기갈기 찢을 만큼 강력한 송곳니를 지녔어요. '세계 최강의 왕지네'이지만, 의외로 작은 진드기한테 약하답니다.

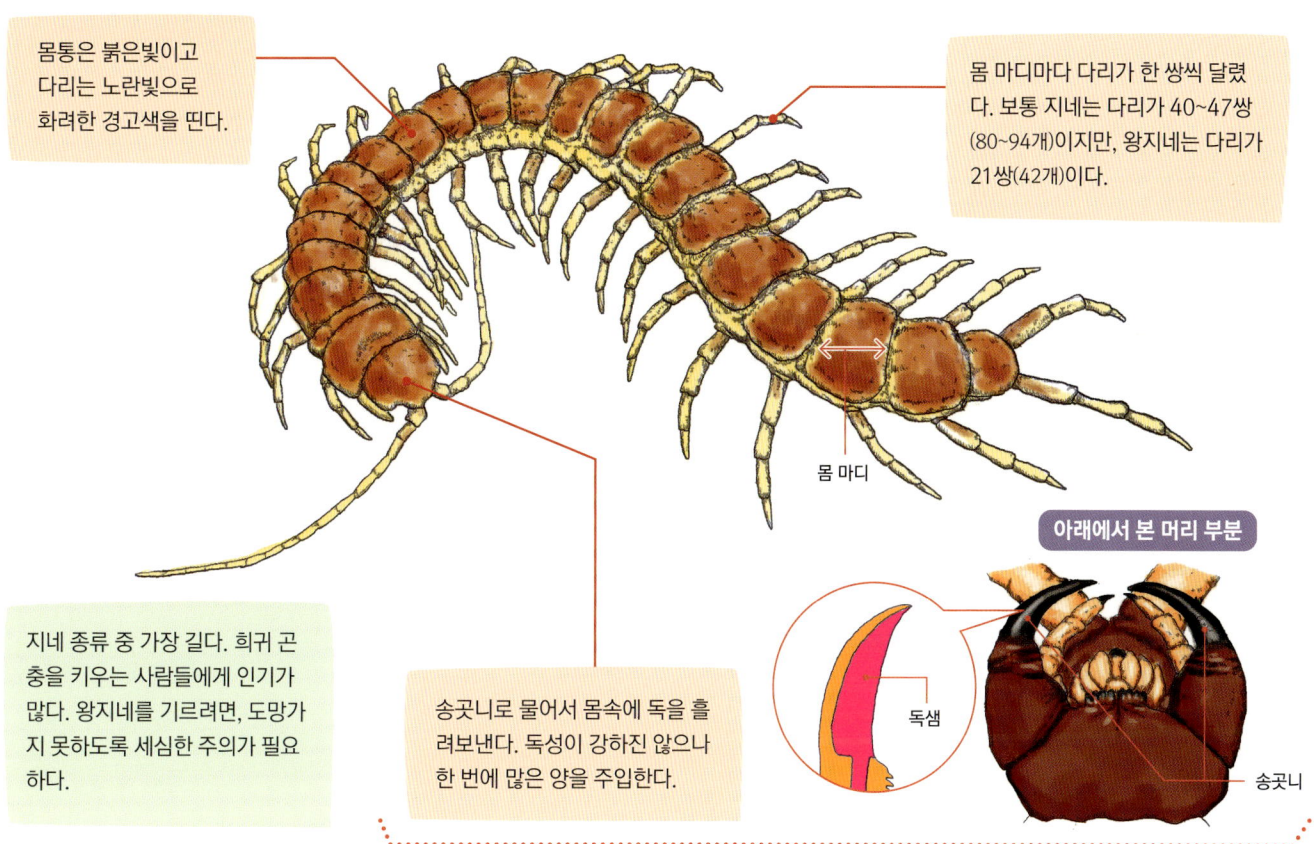

- 몸통은 붉은빛이고 다리는 노란빛으로 화려한 경고색을 띤다.
- 몸 마디마다 다리가 한 쌍씩 달렸다. 보통 지네는 다리가 40~47쌍(80~94개)이지만, 왕지네는 다리가 21쌍(42개)이다.
- 몸 마디
- 지네 종류 중 가장 길다. 희귀 곤충을 키우는 사람들에게 인기가 많다. 왕지네를 기르려면, 도망가지 못하도록 세심한 주의가 필요하다.
- 송곳니로 물어서 몸속에 독을 흘려보낸다. 독성이 강하진 않으나 한 번에 많은 양을 주입한다.
- 아래에서 본 머리 부분
- 독샘
- 송곳니

⚡ 진드기에게 벌벌 떠는 왕지네

몸집이 길고 동작이 민첩해서 땅 위에서부터 나무 꼭대기까지 자유자재로 움직여요. 성격이 매우 공격적이고, 곤충을 비롯해 파충류, 조류, 작은 포유류까지 다양한 종류의 먹이를 사냥하지요. 먹잇감을 강한 송곳니로 물어 독액을 몸속에 주입한 다음, 수십 개의 다리로 먹잇감을 단단히 붙든 채 잡아먹어요. 목숨을 잃을 정도로 독성이 강하진 않지만, 물리면 심한 통증과 부종이 나타나고, 고열에 시달리지요. 왕지네는 지네 중 가장 크고 사납지만, 허물을 벗은 직후에는 약한 진동에도 예민하게 반응하며, 진드기 떼에 습격을 당하기도 한답니다.

약재로 널리 쓰이는 지네

한국과 중국에서는 오래전부터 지네를 '오공'이라 하여 귀한 약재로 여겼다. 말린 지네를 달여 마시면 경련이나 두통이 줄어들고, 지네 기름을 상처와 화상 부위에 바르면 잘 아문다고 한다. 왕지네로 지네 기름을 만든다.

말린 지네   지네 기름

절지동물

전갈 Death Stalker
(데스스토커)

분류	전갈목 전갈과
학명	*Leiurus quinquestriatus*

이렇게 독해!

꼬리 끝에 달린 강력한 독침을 쿡!

기본 정보	최대 몸길이	13cm
	서식지	북아프리카와 서아시아 건조 지역

독성 정도 ☠☠☠☠・ **공격술** 독침 찌르기

데스스토커 서식지

데스스토커의 놀라운 비밀

전갈 중 가장 치명적인 독을 지녔지만, 의외로 몸이 가늘고 힘이 약해요. 데스스토커는 몸속에서 알을 부화 시킨 뒤 새끼를 낳는답니다.

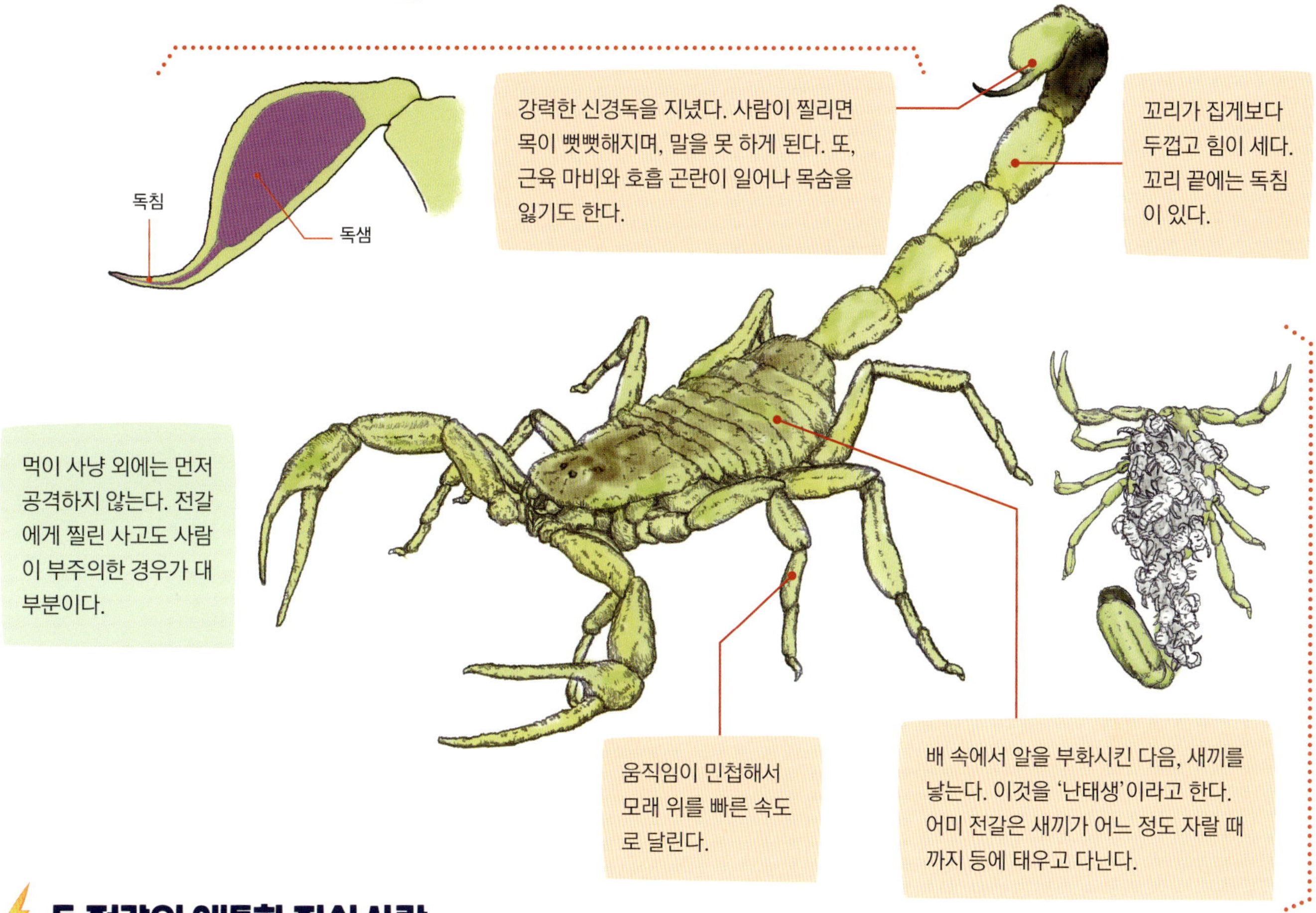

독침 / 독샘

강력한 신경독을 지녔다. 사람이 찔리면 목이 뻣뻣해지며, 말을 못 하게 된다. 또, 근육 마비와 호흡 곤란이 일어나 목숨을 잃기도 한다.

꼬리가 집게보다 두껍고 힘이 세다. 꼬리 끝에는 독침이 있다.

먹이 사냥 외에는 먼저 공격하지 않는다. 전갈에게 찔린 사고도 사람이 부주의한 경우가 대부분이다.

움직임이 민첩해서 모래 위를 빠른 속도로 달린다.

배 속에서 알을 부화시킨 다음, 새끼를 낳는다. 이것을 '난태생'이라고 한다. 어미 전갈은 새끼가 어느 정도 자랄 때까지 등에 태우고 다닌다.

 ### 독 전갈의 애틋한 자식 사랑

'죽음의 추격자'라는 무시무시한 이름 뜻을 지닌 데스스토커는 사냥감을 끈질기게 쫓아가 집게로 붙잡은 다음, 독침을 찔러 독액을 몸속에 주입해요. 아주 적은 양의 독이지만, 치명적인 신경독으로 한 번만 찔려도 사냥감을 완전히 죽일 수 있답니다. 반면, 몸집이 작고 힘이 매우 약해서 독이 없으면 천적에게 금방 잡아먹히기도 해요. 전갈 하면 맹독을 지닌 사악한 동물로 여기지만, 데스스토커는 누구보다 새끼를 지극정성으로 보살핀답니다. 새끼 전갈은 스스로 사냥할 때까지 어미 등에 업혀 다니며 천적의 공격을 피할 수 있지요.

사막에만 전갈이 산다고?

전갈은 사막이나 정글에만 산다고 생각하지만, 한반도 북부에도 전갈이 서식한다. '극동전갈'이라는 토종 전갈은 데스스토커보다 독성이 약하다. 사육하기 까다롭지 않아서 곤충 애호가들에게 인기가 많다. 일본 오키나와에도 '아마미힙스콜피온(위 사진)'과 '레서브라운스콜피온'이라는 2종류의 전갈이 서식한다. 두 전갈 역시 독은 약한 편이다.

절지동물

로노미아오블리큐아 Giant silkworm moth
(로노미아애벌레)

분류	나비목 산누에나방과
학명	*Lonomia obliqua*

이렇게 독해!

독 가시가 가득한 최강 독벌레!

기본 정보	
최대 몸길이	5cm (애벌레), 15cm (성충)
서식지	중남미 열대우림

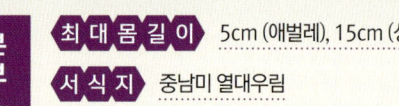

독성 정도 ☠☠☠☠⬡　공격술 독침 찌르기

로노미아오블리큐아 서식지

로노미아오블리큐아의 놀라운 비밀

치명적인 독 가시털이 빼쭉빼쭉 돋은 로노미아오블리큐아 애벌레는 목숨을 잃을 만큼, 매우 강력한 독을 지녔어요. 하지만, 밀림이 파괴되면서 살 곳을 점점 잃어 가고 있지요.

수많은 가시털마다 독샘이 있다. 방울뱀*처럼 피가 멈추지 않는 강력한 출혈독을 지녔다. 찔리면 피가 응고되지 않고, 내장 출혈과 뇌출혈을 일으켜 목숨을 잃기도 한다.

사람이 죽을 수 있는 맹독이지만, 최근 로노미아오블리큐아 애벌레 독을 해독하는 혈청이 개발되어 사망자가 줄었다.

로노미아오블리큐아 애벌레는 허물을 벗을 때마다 주변 환경에 맞추어 몸 색깔을 바꾼다.

애벌레와 달리 성충에게는 독이 없다. 나뭇잎처럼 보이는 보호색으로 천적 눈에 잘 띄지 않는다.

성충

'살인 쐐기벌레'는 억울해!

로노미아오블리큐아 애벌레는 독성이 매우 강력해요. 사람을 죽게 할 만큼 절지동물 중 최강의 독을 지녔지요. 초록색, 붉은색 등 화려한 모습으로 쉽게 눈에 띌 것 같지만, 원래는 밀림 깊숙한 곳, 나무줄기(껍질)에 숨어 살아서 발견된 것도 최근이라고 해요. 무분별한 벌채로 인해 밀림까지 사람이 드나들자, 로노미아오블리큐아 애벌레에게 쏘이는 사고가 종종 일어났지요. 현지에서는 '살인 쐐기벌레'라고 불릴 만큼, 두려움의 대상이지만, 인간들이 자신의 서식지를 빼앗고, 해충으로 낙인을 찍었으니 로노미아오블리큐아 입장에서는 몹시 억울한 심정일 거예요.

* **방울뱀**: 방울뱀속에 속하는 뱀으로, 강력한 출혈독을 지녔다.

지구 최강 독벌레는 누구?

장수말벌

학명	*Vespa mandarinia*
영어 이름	Asian giant hornet
몸길이	5cm
서식지	인도와 동남아시아, 동아시아 삼림
독성 정도	☠☠☠◆◆

한국에서 가장 큰 벌로, 큰 턱과 독침을 지녔다. 공격성이 강하고, 다른 곤충이나 꿀벌을 습격하는 육식 곤충이다. 독침에 쏘이면 심한 통증을 느끼며, 두 번째 찔리면 과민성 알레르기 반응인 아나필락시스 쇼크*를 일으켜 목숨을 잃기도 한다.

* **아나필락시스 쇼크**: 과민성 쇼크로, 단시간에 온몸에 여러 가지 증상을 일으키는 알레르기 반응.

타란툴라사냥벌

학명	*Pepsis staudingeri*
영어 이름	Tarantula hawk
몸길이	6cm
서식지	북아메리카 남부~남아메리카 북부 삼림
독성 정도	☠◆◆◆◆

타란툴라의 천적으로 세계에서 가장 거대한 벌이다. 타란툴라를 독침으로 마비시켜 둥지로 옮긴 다음, 몸 안에 알을 낳는다. 알에서 부화한 애벌레는 살아 있는 타란툴라를 영양분으로 먹으며 자란다.

플란넬나방
(털복숭이애벌레)

학명	*Megalopyge opercularis*
영어 이름	Southern flannelmoth
몸길이	4cm
서식지	중남미 삼림
독성 정도	☠☠◆◆◆

온몸이 금발처럼 복슬복슬한 황금빛 털로 뒤덮여 있다. 털 안에는 강력한 독 가시가 숨어 있다. 성충이 되어도 애벌레 때와 같이 털이 남아 있고, 독을 지니고 있다. 독침에 찔리면 피부가 붓고, 고열이 난다.

독 있는 곤충을 피하려면 어떻게 해야 할까?

 완벽한 예방법은 없어요. 다만, 독이 있는 곤충이 어디에 사는지 자세히 알아보고, 곤충에 쏘이지 않는 옷을 입는 게 좋겠지요.

이런 곳을 조심해!

대부분 독이 있는 말벌이나 쐐기벌레는 산과 숲처럼 나무가 많은 곳에 살아요. 장수말벌은 땅속에 벌집을 짓기 때문에 수풀을 지날 때는 벌집을 밟지 않도록 조심해야 해요. 때때로 주거지에 벌집이 있는 경우도 있으니, 집 안팎을 잘 살펴야 하지요. 쐐기벌레는 대부분 나뭇잎 뒷면에 숨어 있어서 쉽게 발견하기 어렵답니다.

▶ 말벌이나 쐐기벌레는 주로 숲(잡목림)에 많이 서식한다.

이런 옷을 입어!

숲에서 독 있는 곤충을 피하려면, 가능한 맨살을 드러내지 않는 게 좋아요. 대부분 벌은 거세게 움직이거나, 어둡고 짙은 색에 공격하는 성향이 있어요. 따라서 숲에서는 급히 뛰거나 지나치게 흥분하지 말고, 모자로 머리카락을 가리고, 흰옷이나 밝은색 옷을 입는 게 좋답니다.

- 반드시 모자를 쓴다.
- 긴소매와 긴바지를 입는다.
- 윗도리를 바지 속으로 넣는다.

응급 대처법 알아 두기

말벌과 마주쳤다면, 자극하는 행동을 피하고 조심스럽게 자리를 떠나세요. 벌이나 맹독이 있는 벌레에게 쏘였다면, 신속하게 병원에 가야 해요. 가는 도중에는 반드시 말을 삼가고 차분하게 행동해요. 다급하게 뛰거나 흥분하면, 체내 온도가 올라가서 독성이 더 빠르게 퍼질 수 있답니다. 또, 야외에 갈 때는 미리 응급 대처법을 꼼꼼하게 알아 두어야 하지요.

말벌에 쏘였을 때	상처 주변을 눌러 독액을 짜낸 다음, 차갑게 찜질한다. 절대로 입으로 빨아서는 안 된다.
쐐기벌레에 쏘였을 때	상처 부위를 함부로 만지지 않는다. 옷을 벗은 다음, 테이프 등으로 가시털을 떼어 내고 상처 부위를 차갑게 찜질한다.

절지동물

송편게
(매끈이송편게)
Floral egg crab

분류	십각목 부채겟과
학명	*Atergatis floridus*

이렇게 독해!

먹었다가는 죽을 수도…

기본 정보	최대 몸길이	5cm
	서식지	인도양 ~ 서태평양 따뜻한 바다

매끈이송편게 서식지

독성 정도  공격술 독 저장하기

매끈이송편게의 놀라운 비밀

매끈이송편게는 등딱지가 매끈매끈하고 잘 빚은 송편처럼 앙증맞아요. 하지만 몸속에는 치명적인 맹독이 모여 있어서 절대 먹으면 안 된답니다!

복어독인 '테트로도톡신'과 조개독인 '고니오톡신' 등 치명적인 신경독이 모여 있다. 만지는 것 정도는 괜찮으나, 먹으면 혀와 입이 저리고 손발이 마비되며 호흡 곤란을 일으킨다. 심하면 목숨을 잃는다.

주로 집게발이나 다리에 맹독이 모여 있다. 천적에게 공격당하면, 다리를 떼어 내고 도망간다. 떨어진 다리는 허물을 벗으면서 다시 자란다.

등딱지는 적갈색 또는 다갈색이다. 반질반질한 질감과 볼록한 타원형 모양으로 '송편게'라는 이름이 붙었다.

⚡ 귀엽지만 위험한 송편게

매끈이송편게는 이름만 들어도 먹음직스러워 보이지만, 실제로는 다량의 맹독이 모여 있어서 먹으면 죽음에 이르는 몹시 위험한 '독 게'랍니다. 주변에 사는 먹잇감에서 독을 얻어서 사는 곳마다 독성분이 제각각 달라요. 다시 말해, 어떤 먹이를 먹느냐에 따라 독성분도 함께 바뀌지요. 하지만, 매끈이송편게는 독으로 적을 공격하는 게 아니라 자신을 보호할 목적으로 독을 모아요. 인도양에서 태평양 연안에 넓게 사는데, 특히 바위나 산호가 있는 곳을 좋아하지요. 우리나라 제주에서도 종종 발견된답니다.

최강 맹독을 지닌 울긋불긋부채게

학명 : *Zosimus aeneus*
영어 이름 : reef crab
몸길이 : 9cm
서식지 : 인도양과 태평양의 따뜻한 바다

매끈이송편게와 비슷한 모양으로, 등딱지에 화려한 갈색 얼룩무늬가 나 있다. 일본과 대만 사이에 서식하며 우리나라에서는 발견되지 않았다. 독 있는 게 종류 중 가장 치명적인 독을 지녔다. 일본 아마미 제도와 도쿠노시마에서 이 게를 요리해 먹은 사람들이 목숨을 잃기도 했다.

팔리토아말미잘
(마우이말미잘) Limu make O hana

분류	모래말미잘목 스페노푸스과
학명	*Palythoa toxica*

자포동물

이렇게 독해!

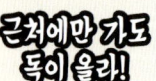
근처에만 가도 독이 올라!

기본 정보	
최대 몸길이	3.5cm
서식지	하와이 마우이섬 연안

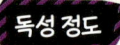 독성 정도

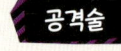 공격술 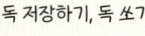 독 저장하기, 독 쏘기

팔리토아말미잘 서식지

팔리토아말미잘의 놀라운 비밀

하와이에 사는 '죽음의 말미잘' 팔리토아는 생물 중 1위를 차지할 정도의 맹독을 지녔어요. 만지거나 근처에만 있어도 목숨이 위태롭답니다.

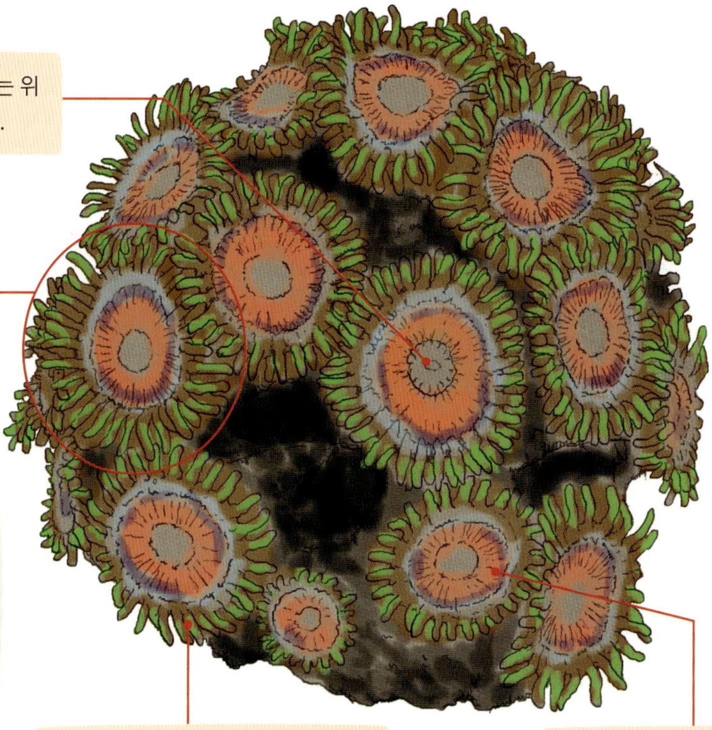

팔리토아말미잘 단면
- 촉수
- 입
- 인두
- 독실

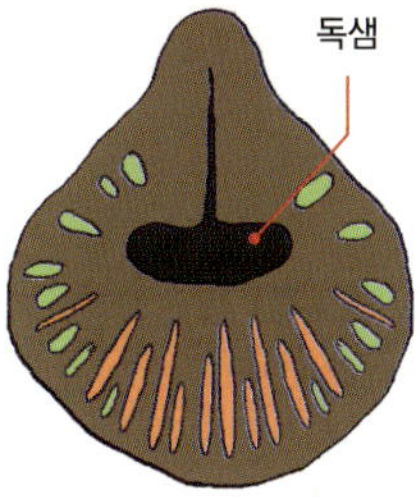

독실 단면
- 독샘

- 입은 몸 가운데 있는 위(강장*)와 연결된다.
- 하나의 폴립
- 대형 말미잘인 팔리토아는 하나의 폴립*이 수백 개 모여 군집 형태를 이룬다.
- 모래말미잘 종류는 뼈처럼 단단한 조직이 없어서 몸속에 모래알을 메워서 몸을 단단하게 만든다.
- 독샘 안에 '팔리톡신'이라는 치명적인 신경독이 모여 있다. 독성이 매우 강력해 심장 근육과 폐혈관 등을 쪼그라뜨려 결국 사망에 이른다.

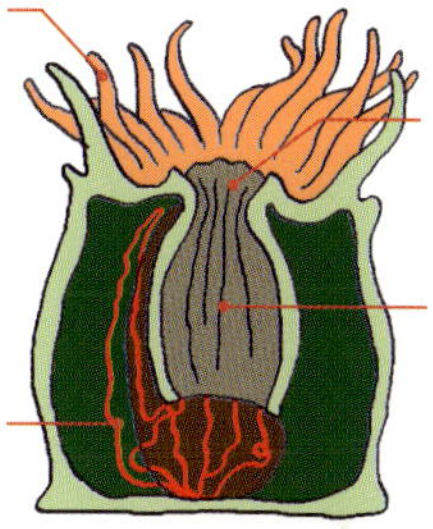

⚡ 지구상 최강 맹독 말미잘

팔리토아말미잘은 초록색, 보라색, 분홍색 등 형형색색 아름다운 색을 지녔지만, 절대로 가까이해서는 안 되는 동물이에요. 생물 중 가장 독성이 강한데, 4㎍(마이크로그램)*의 소량만으로도 목숨을 잃을 만큼, 치명적인 독을 지녔어요. 독성이 청산가리의 8,000배나 된다고 하지요. 팔리토아말미잘은 독을 스스로 만들지 않고, 해조류나 바다의 미생물(세균)을 먹고 몸속에 독을 모아 둔답니다.

* **강장**: 말미잘이나 해파리, 산호와 같은 자포동물에 있는 소화 기관으로, 소화와 배출을 동시에 담당한다.
* **폴립**: 입, 촉수, 강장으로 이루어진 몸통을 말한다. 자포동물 중 한곳에 정착하여 다른 곳으로 이동하지 않고 사는 생활 형태를 '폴립형'이라고 한다.
* **㎍(마이크로그램)**: 무게의 단위. 1㎍은 100만분의 1g.

'바다의 벌' 나이트아네모네

- 학명: *Phyllodiscus semon*
- 영어 이름: Night anemone
- 몸길이: 20cm
- 서식지: 인도양과 태평양의 따뜻한 바다

'바다의 벌'로 불리는 맹독 말미잘로, 쏘이면 통증을 일으키고, 심하면 목숨을 잃는다. 일본 오키나와 바다에 서식하며, 주변 환경과 생물을 흉내 내어 비슷하게 모습을 바꾸는 '의태'를 한다. 그로 인해 사는 환경에 따라 겉모습이 제각각이다.

극피동물

악마불가사리
(넓적다리불가사리)
Crown of thorns starfish

분류	유극목 넓적다리불가사릿과
학명	*Acanthaster planci*

이렇게 독해!

만지지 마!
독 가시가 있어!

기본 정보	최대 몸길이	60cm
	서식지	인도양 ~ 서태평양 바다

악마불가사리 서식지

독성 정도 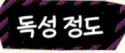   　　공격술　독침 찌르기, 독 저장하기

악마불가사리의 놀라운 비밀

거대한 악마불가사리는 온몸이 독 가시로 뒤덮여 있어요. 강력한 무기를 지녔지만, 겁 없는 나팔고둥에게 잡아먹히기도 해요.

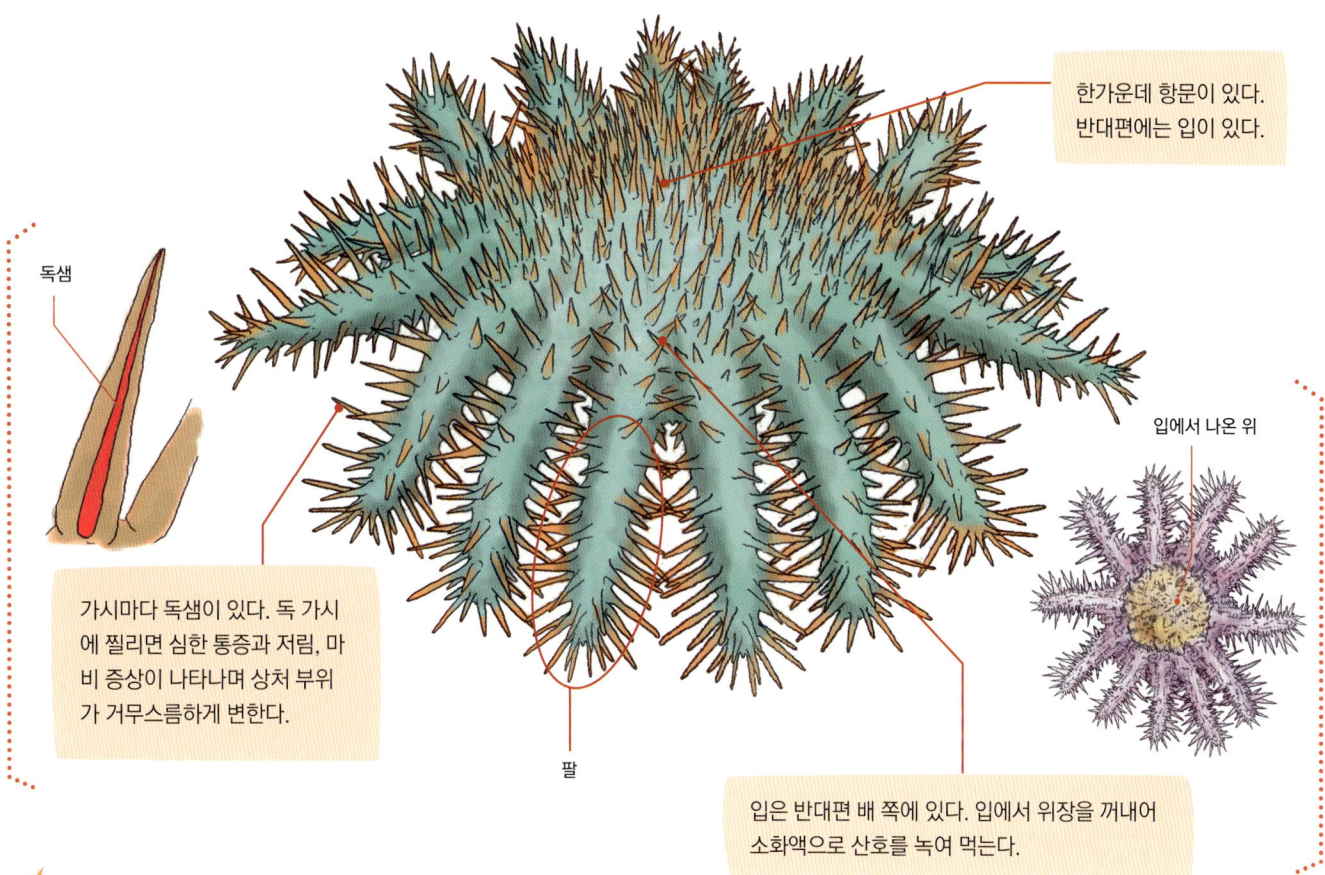

- 한가운데 항문이 있다. 반대편에는 입이 있다.
- 독샘
- 가시마다 독샘이 있다. 독 가시에 찔리면 심한 통증과 저림, 마비 증상이 나타나며 상처 부위가 거무스름하게 변한다.
- 입에서 나온 위
- 팔
- 입은 반대편 배 쪽에 있다. 입에서 위장을 꺼내어 소화액으로 산호를 녹여 먹는다.

⚡ 무적의 거대 불가사리

수천 개의 독 가시를 지닌 악마불가사리는 '넓적다리불가사리' 또는 '가시왕관불가사리'라고도 해요. 몸길이 26cm인 개체의 가시 개수는 8,000개 이상으로, 가시 하나하나에 치명적인 독이 들어 있어요.

악마불가사리는 놀라운 능력을 지녔어요. 반년 이상 먹지 않고도 생존할 수 있고, 하루에 70m 정도까지 이동할 수 있지요. 독 가시로 무장하여 완벽한 방어력을 자랑하지만, 장군나팔고둥이나 할리퀸슈림프 등에게 잡아먹히기도 한답니다.

산호를 먹어 치우는 악마불가사리

악마불가사리는 주로 산호초가 있는 곳에 살면서 산호의 '폴립'을 먹는다. 아름다운 산호초는 바다에서 없어서는 안 될 귀한 생물이다. 해양 생물의 안락한 집이 되어 줄 뿐 아니라, 산소를 공급하는 '바다의 허파' 역할을 한다. 그런데 산호초를 닥치는 대로 잡아먹는 천적이 바로 악마불가사리이다. 지구 온난화와 생활 배수 등의 원인으로 개체 수가 늘어났고, 그로 인해 산호초가 급격히 줄어들었다. 지금도 곳곳에서 악마불가사리를 줄이려는 연구가 계속되고 있다.

연체동물

파란고리문어 Blueringed octopus

분류	문어목 문엇과
학명	*Hapalochlaena lunulata*

기본 정보
- 최대 몸 길이: 15cm
- 서식지: 서태평양 아열대 바다

이렇게 독해!

맨손으로 만졌다면 바로 응급실로!

독성 정도 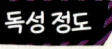   　**공격술** 독니로 물기

파란고리문어 서식지

파란고리문어의 놀라운 비밀

고깔모자를 눌러쓴 새끼 문어처럼 앙증맞은 파란고리문어는 상상도 못할 만큼 무시무시한 맹독을 지녔어요. 그러나 신체 능력은 그리 뛰어나지 않지요.

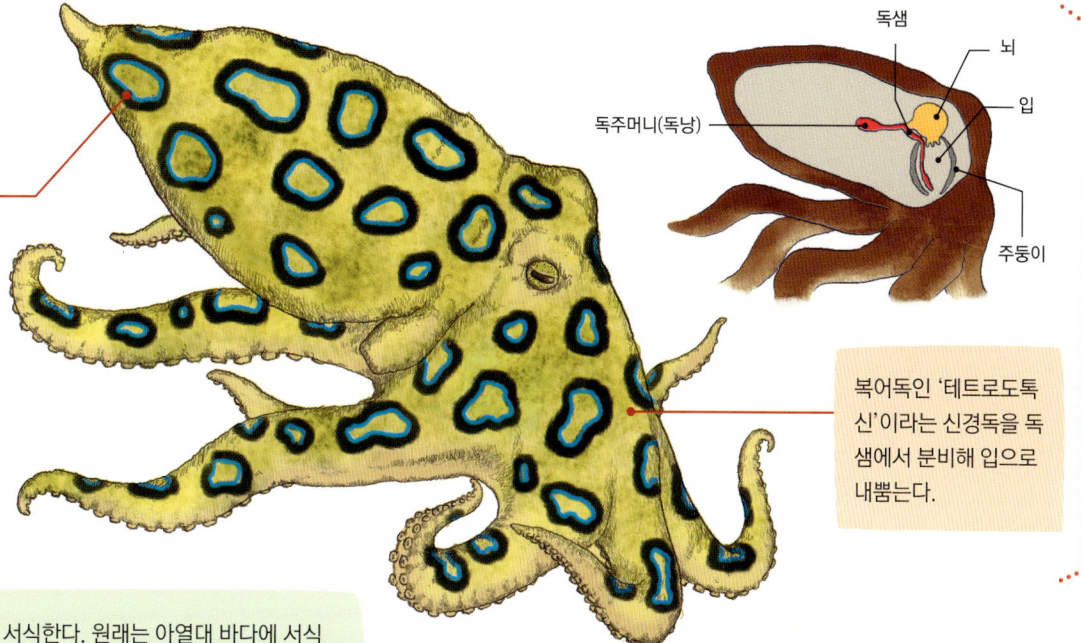

최근 우리나라 남해와 제주 지역에서 종종 발견된다. 위협을 느끼면 경고색을 드러내는데, 동그란 푸른빛 고리 무늬가 또렷하게 나타난다.

복어독인 '테트로도톡신'이라는 신경독을 독샘에서 분비해 입으로 내뿜는다.

얕은 바닷가에 주로 서식한다. 원래는 아열대 바다에 서식했으나 지구 온난화로 우리나라와 일본과 같은 온대 지역에도 종종 나타난다. 주변 해초나 바위를 흉내 내는 의태가 뛰어나서 해수욕을 하다가 파란고리문어에게 물리는 사고도 일어난다.

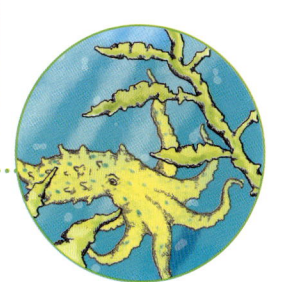

천적으로부터 작고 연약한 몸을 보호하려고 진화 과정에서 맹독을 지닌 것으로 여겨진다.

맹독 문어의 약점

작고 앙증맞은 파란고리문어는 복어와 같은 치명적인 독을 지녔어요. 복어는 독을 저장하지만, 파란고리문어는 독을 물어서 공격하거나 먹잇감을 사냥하지요. 또, 위협을 느끼면 몸 전체에 아름다운 푸른빛 고리 무늬가 또렷하게 나타나요. 파란고리문어에게 물리면 구토와 마비 증상이 나타나고, 심하면 목숨을 잃기도 해요. 이처럼 맹독을 지닌 문어이지만, 보통 문어보다 빨판 힘이 약해서 잘 못 걷고 헤엄도 서툴답니다.

문어랑 앵무조개가 한 식구?

아주 오래전 문어와 오징어도 앵무조개처럼 딱딱한 골격과 껍질을 지녔다고 한다. 그러나 민첩하거나 유연하게 움직이기 위해 딱딱한 껍질을 벗고, 지금의 모습으로 진화했다. 파란고리문어처럼 독을 지닌 조개들도 있다. 특히, 대보초청자고둥은 인도코브라의 37배나 강력한 신경독을 지닌 것으로 유명하다.

어류	# 스톤피시 Stonefish	분류	쏨뱅이목 양볼락과
	(독전갈물고기)	학명	*Synanceia verrucosa*

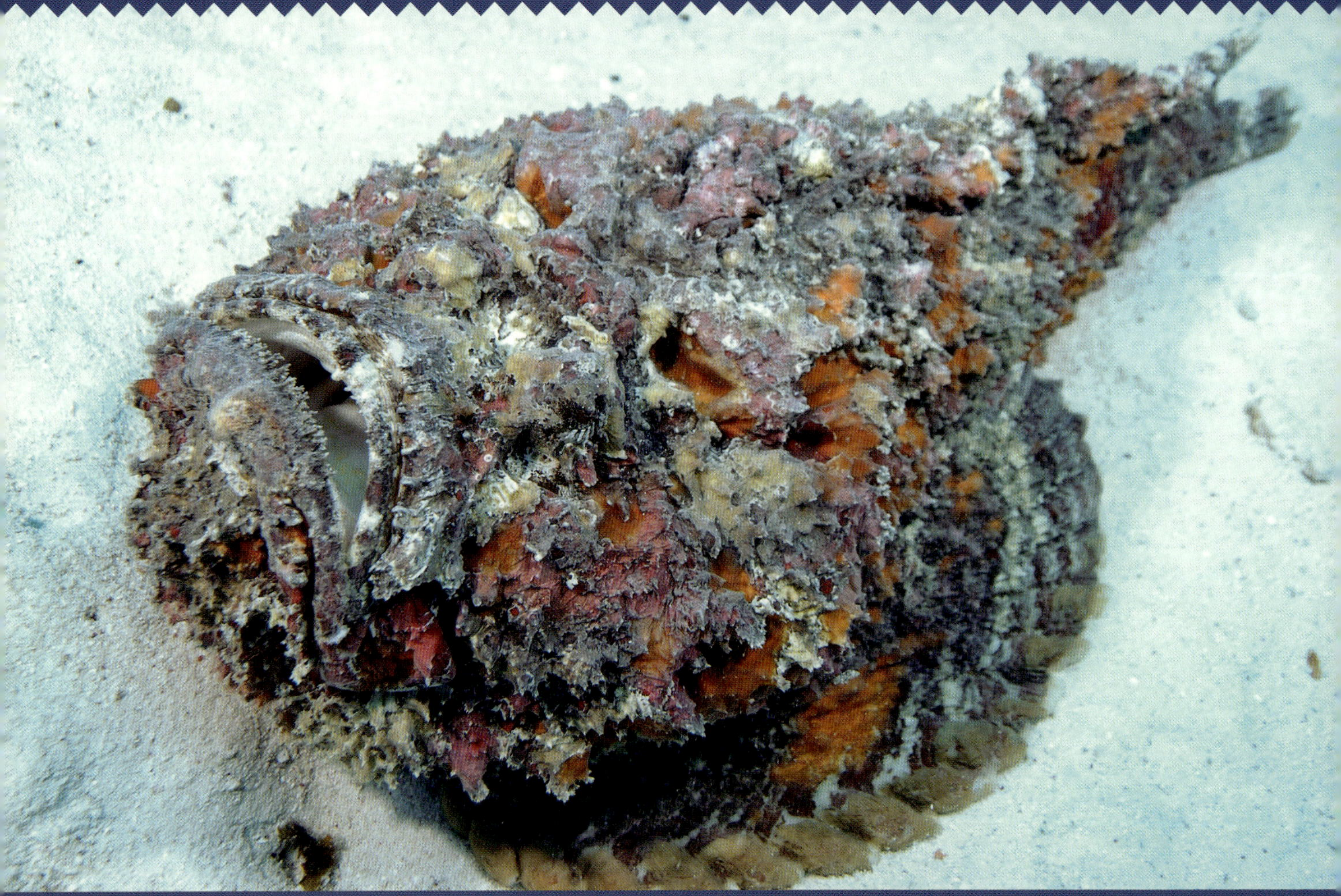

이렇게 독해!

독 가시가 슬리퍼 바닥도 뚫에!

기본 정보	최대 몸길이	40cm
	최대 몸무게	3kg
	서식지	인도양 ~ 서태평양 따뜻한 바다

스톤피시 서식지

독성 정도    **공격술** 독침 찌르기

스톤피시의 놀라운 비밀

스톤피시는 울퉁불퉁한 돌덩어리나 우스꽝스러운 도깨비를 닮았어요. 등지느러미에 치명적인 독 가시가 있어서 '독전갈물고기'라고도 부르지요.

등지느러미에는 13개의 굵은 독 가시가 있다. 평소에는 가시가 비스듬히 누워 있다가 위협을 느끼면, 가시를 꼿꼿이 세워서 공격한다.

등지느러미 안에는 독침과 독샘이 있다. '스토너스톡신'이라는 강력한 신경독을 지녔으며, 찔리면 심한 통증과 부종, 저림 증상이 있다. 심하면 신경 마비나 호흡 곤란으로 죽을 수 있다.

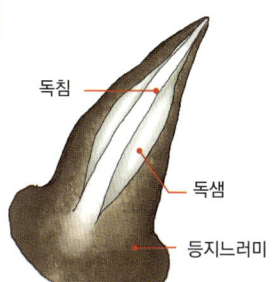

독침
독샘
등지느러미

온몸이 울퉁불퉁하고, 비늘이 없다. 몸 빛깔은 얼룩덜룩한 짙은 바위 빛이다. 의태 능력이 뛰어나 주변 색에 따라 몸 색깔을 바꾼다. 바위나 산호에 숨으면 한눈에 알아보기 어렵다.

스톤피시는 맛이 좋아 고급 식재료로 쓰인다. 주로 튀김이나 회, 매운탕으로 요리해 먹는다.

⚡ 도깨비 물고기의 특별한 사냥법

스톤피시는 돌덩어리처럼 생긴 특징을 따서 '스톤(stone)'이라는 이름을 그대로 붙였어요. 움직임은 느리지만, 모래 바닥이나 바위에서 먹잇감을 끈질기게 기다리는 '잠복형 사냥꾼'이에요. 작은 물고기나 새우가 다가오면, 커다란 입으로 눈 깜짝할 사이에 먹잇감을 삼켜 버리지요. 등지느러미에 난 강력한 독 가시에 찔리면, 온몸이 울리는 듯한 심한 통증을 느낀다고 해요. 하지만 스톤피시의 독은 적이나 사냥감을 공격하는 목적이 아니라, 적으로부터 자신을 방어할 때만 사용한답니다.

사자 물고기, 쏠배감펭

학명 : *Pterois lunulata*
영어 이름 : Luna lionfish
몸길이 : 40cm
몸무게 : 400g
서식지 : 인도양 ~ 남태평양 따뜻한 바다

쏠배감펭은 공작새처럼 긴 지느러미를 활짝 펼쳐 헤엄치는 독특한 물고기이다. 그 모습이 긴 갈기의 사자를 닮아서 '라이온피시'라고도 한다. 등, 가슴, 꼬리지느러미에는 치명적인 독 가시가 나 있다. 게다가 먼저 위협하면서 쫓아올 만큼, 성격이 매우 공격적이다. 우리나라 남해와 제주에도 서식한다.

양서류

독화살개구리 Golden poison frog
(황금독화살개구리)

분류	개구리목 독개구릿과
학명	*Phyllobates terribilis*

기본 정보	
최대 몸길이	5cm
최대 몸무게	4g
서식지	남아메리카 콜롬비아 열대우림

사람도 쓰러뜨리는 지구 최강 맹독 개구리!

| 독성 정도 | 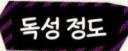 | 공격술 | 독 저장하기 |

황금독화살개구리 서식지

황금독화살개구리의 놀라운 비밀

작지만 강력한 맹독을 지닌 황금독화살개구리와 마주치면, 거의 모든 동물이 벌벌 떨며 도망가지요. 그런데 이런 맹독에도 끄떡없는 동물이 있답니다.

독화살개구리는 황금빛뿐만 아니라 초록빛, 주홍빛 등 독특한 색을 지녔다. 화려한 몸 색깔은 천적에게 독이 있음을 알리는 경고색이다.

미끈미끈한 피부에서 독을 분비한다. '바트라코톡신'이라는 최대 강력한 신경독을 지녔다. 독이 있는 개미*나 딱정벌레를 잡아먹으며 몸속에 독을 조금씩 저장한다.

푸른독화살개구리

딸기독화살개구리

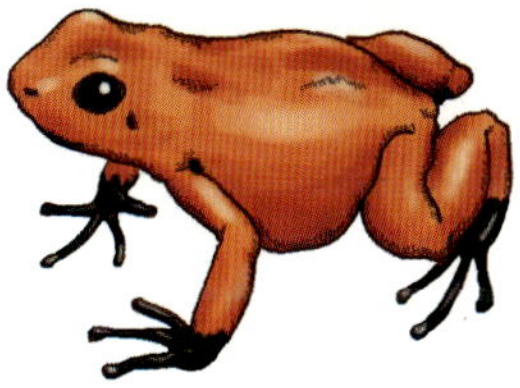

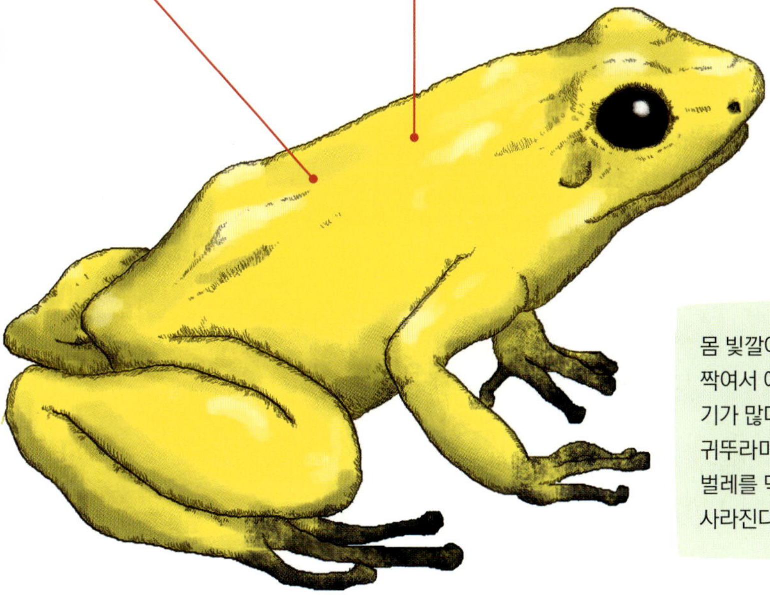

몸 빛깔이 황금처럼 반짝여서 애완동물로 인기가 많다. 독이 없는 귀뚜라미나 파리 같은 벌레를 먹이면 독성이 사라진다.

⚡ 최강 맹독 개구리의 천적은?

황금독화살개구리는 독화살개구리 중 가장 독성이 강해요. 한 마리의 황금독화살개구리로 사람 10명 정도(생쥐 1만 마리)를 죽일 수 있다고 해요. 누구도 몸집 작은 황금독화살개구리를 함부로 건들지 못하지요. 그래서인지 다른 독화살개구리와는 달리 겁 없이 마음대로 돌아다닌답니다. 하지만 이런 맹독 개구리라도 먹고 먹히는 자연 생태계에서는 예외가 될 수 없어요. 아마존에 사는 '파이어벨리드스네이크'라는 뱀은 신경독 '바트라코톡신'에 저항력이 강해 황금독화살개구리를 잡아먹어도 죽지 않는다고 해요.

*개미도 식물을 섭취해 독을 모은다고 한다.

개구리 독으로 만든 독화살

아마존 열대우림에 사는 원주민은 황금독화살개구리의 독으로 독화살을 만들어 사냥했다. 독화살은 개구리의 피부에서 분비하는 독을 채취해 화살촉에 발라서 만든다. 황금독화살개구리 한 마리로 30~50개의 독화살을 만드는데, 독성이 일 년 이상 지속된다. 독화살개구리(또는 화살촉개구리)라고 이름 지어진 것도 바로 이 때문이다.

불도롱뇽 Fire salamander

양서류

분류	영원과 도롱뇽목
학명	*Salamandra salamandra*

이렇게 독해!

적이 나타나면 멀리까지 독을 발사해!

기본 정보
- 최대 몸길이: 30cm
- 최대 몸무게: 30g
- 서식지: 유럽 습지대

불도롱뇽 서식지

독성 정도

공격술 독 저장하기, 독 쏘기

불도롱뇽의 놀라운 비밀

포동포동 귀여운 도롱뇽이지만, 위험을 느끼면 멀리까지 독을 발사해요. 옛날에는 불도롱뇽을 '불의 정령'으로 믿었지만, 실제로는 열에 몹시 약한 동물이지요.

일반 도롱뇽과 달리, 암컷은 배 속에서 알을 부화시킨 다음, 새끼가 어느 정도 자라면 낳는다. 새끼는 물속에 살면서 부레로 호흡하다가, 점차 땅 위로 올라오면서 폐호흡으로 바뀐다. 새끼 때는 독샘이 발달하지 않는다.

목덜미와 등 쪽에 독샘이 있다. 위협을 느끼면 적에게 우윳빛 독액을 발사한다.

독샘

검은색 바탕에 선명한 노란색 얼룩무늬가 있다. 얼룩무늬가 주황색인 개체도 있다.

독특하고 귀여운 외모에 사육도 쉬워서 애완동물로 인기가 많다. 성격이 온순하며 평소에는 거의 독을 쏘지 않는다.

새끼 불도롱뇽

⚡ 뜨거운 건 못 참는 '불의 정령'

'파이어샐러맨더'라고도 불리는 불도롱뇽은 자신을 보호할 때만 독을 사용해요. 피부에 독을 모아 두었다가 적에게 위협을 느끼면, 초당 3m 속도로 독을 발사하지요. 주로 작은 곤충을 잡아먹는데, 먹잇감을 사냥할 때는 독을 전혀 쓰지 않아요. 옛날부터 유럽에서는 불도롱뇽을 '불의 정령'으로 부르며 신성한 동물로 여겼지만, 불은커녕 사람의 체온만으로도 화상을 입는, 열에 몹시 약한 동물이에요. 또한, 물속보다 어둡고 습한 땅 위에서 지내는 걸 더 좋아한답니다.

독을 가진 도롱뇽 친구들, 거친가죽도롱뇽

학명 : *Taricha granulosa*
영어 이름 : Rough skinned newt
몸길이 : 20cm
몸무게 : 10g
서식지 : 북아메리카 서해안의 삼림

피부가 우툴두툴 거친 거친가죽도롱뇽은 복어독인 '테트로도톡신'을 피부에서 분비하여 몸을 보호한다. 먹으면 죽을 만큼 강한 맹독으로, 이 도롱뇽을 통째로 삼킨 개구리는 중독되어 죽고, 잡아먹힌 도롱뇽은 다시 살아나온다고 한다.

파충류

타이거스네이크 _{Tiger snake}
(호랑이뱀)

분류	뱀목 코브라과
학명	*Notochis scutatus*

이렇게 독해!

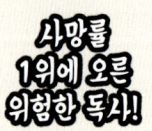
사망률 1위에 오른 위험한 독사!

기본 정보
- 최대 몸길이 2m
- 최대 몸무게 3kg
- 서식지 오스트레일리아 남동부 습지대와 민가

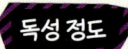 독성 정도  공격술 독 물기

타이거스네이크 서식지

타이거스네이크의 놀라운 비밀

오스트레일리아에서 가장 무서운 독사로 손꼽히는 타이거스네이크는 실제로는 온순한 성격이라고 해요.

머리와 몸통을 납작한 모양으로 바꿀 수 있다. 납작한 머리를 치켜들고 적을 공격한다.

대부분 코브라과 뱀은 위턱 앞쪽에 독니 한 쌍이 있다. 사냥감을 물면, 독샘에서 분비된 독액이 독관을 통해 사냥감의 몸속에 퍼진다. 독성분은 출혈독과 신경독이다.

독관 / 독니 / 독샘

먹이를 사냥할 때는 독뿐만 아니라 긴 몸통으로 먹잇감을 칭칭 감아 조인 뒤, 질식시킨다.

주로 도마뱀이나 개구리를 잡아먹고, 작은 포유류나 새도 잡아먹는다. 심지어 물속을 잠수해 물고기를 잡아먹기도 한다. 보통 뱀과는 달리, 주로 낮에 활동하는데, 너무 뜨거운 여름날에는 밤에 활동하기도 한다.

몸통은 짙은 회갈색 바탕에 연한 노란색 줄무늬가 있다. 이 무늬가 호랑이와 비슷해서 '호랑이뱀'이라고도 한다.

⚡ 사망 확률 1위! 타이거스네이크

오스트레일리아에서는 다른 나라에 비해 맹독을 지닌 뱀들이 유난히 많은 편이에요. 순위별로 사망 확률이 높은 독사 종류를 정리해 놓을 정도이지요. 그 가운데 사망률 1위를 차지한 독사가 바로 '타이거스네이크'랍니다. 타이거스네이크의 독은 아주 치명적이어서 0.6mg* 정도만 주입돼도, 사람 1명이 죽을 수 있어요. 그런데 한 번 물었을 때, 26.2mg이라는 엄청난 양의 독이 주입되지요. 평소에는 공격적이지 않지만, 쥐처럼 작은 포유류나 새를 잡아먹으려고, 농가에 자주 나타나 사람을 공격하기도 해요. 그러나 도로에 나왔다가 차에 치여 죽는 사고가 잦아져 개체 수가 점점 줄어들고 있다고 해요.

* 1mg(밀리그램) = 0.0001g(그램)

최강 독사 모여라!

킹코브라

학명	*Ophiophagus hannah*
영어 이름	King cobra
몸길이	6m
몸무게	10kg
서식지	인도에서 동남아시아에 이르는 삼림
독성 정도	☠☠☠☠◼

세계에서 가장 긴 독사로, 코끼리도 쓰러뜨릴 만큼 강력한 뱀이다. 신경독을 지녔으며 한 번 물었을 때, 독 주입량이 많은 것이 특징이다. 머리와 가슴에 있는 후드(hood)*를 펼치고 꼿꼿이 머리를 치켜든 채로 이동할 수 있다. 주로 뱀을 잡아먹고, 작은 포유류와 양서·파충류도 잡아먹는다.

*후드 : 킹코브라의 머리와 가슴 사이의 가죽 부분.

블랙맘바

학명	*Dendroaspis polylepis*
영어 이름	Black mamba
몸길이	4.5m
몸무게	7kg
서식지	아프리카 동부 ~ 남부 초원과 삼림, 바위
독성 정도	☠☠☠☠☠

세계에서 가장 위험한 뱀으로, '물리면 8분 안에 죽는다.'라고 할 만큼 독성이 강력하다. 입속이 까매서 '블랙맘바'라고 이름 지었다. 다른 뱀에 비해 움직이는 속도가 매우 빠르며, 신경독이 퍼지는 속도도 순식간이다.

타이판독사

학명	*Oxyuranus scutellatus*
영어 이름	Taipan
몸길이	3.5m
몸무게	5kg
서식지	뉴기니섬과 오스트레일리아 삼림
독성 정도	☠☠☠◼

킹코브라의 50배에 달하는 강력한 독을 지녔다. 독성분은 주로 신경독으로 이루어져 있으나, 출혈독과 용혈독이 함께 포함돼 있다. 독성이 매우 강할 뿐 아니라 독 주입량도 많다. 한 번 무는 독으로 2만 5천 마리의 쥐가 죽는다고 한다. 현재 타이판의 독성분으로 지혈제를 개발 중이다.

육지 뱀과 바다뱀 중 누가 더 위험할까?

둘 다 위험해요. 독 주입량이 더 많은 뱀은 '육지에 사는 독사'이지만, 독성분이 더 강한 뱀은 '바다뱀'이기 때문이에요.

육지 뱀과 바다뱀의 차이

육지 뱀과 달리, 모든 바다뱀은 치명적인 신경독을 지녔어요. 육지에 사는 독사보다 독성분이 더 강력하지요. 그런데 육지 독사는 한 번 물 때, 독 주입량이 바다뱀보다 더 많아요. 따라서 어느 뱀이 더 위험하다고 딱 잘라 말하기는 어렵답니다. 다행히 육지 독사와 바다뱀 모두 자극하지 않으면, 먼저 공격하지 않는다고 해요. 생김새와 특징은 서로 조금씩 달라요. 바다뱀은 꼬리가 배의 노처럼 납작해서 헤엄치기에 알맞고, 육지 독사는 배 쪽 비늘이 넓어서 땅바닥을 기어 다니기에 알맞지요. 바다뱀은 주로 열대와 아열대 바다에 사는데, 지구 온난화로 최근 우리나라 남쪽 바다와 제주에도 종종 나타난답니다.

▲ 노란배바다뱀: 꼬리가 배를 젓는 노처럼 납작해서 헤엄치기에 알맞다.

바다에 돌아간 코브라

'바다뱀'은 코브라과에 속하는 독사로, 육지에 서식하던 뱀 일부가 다시 바다로 돌아가 진화한 것이다. 모든 바다뱀은 맹독을 지녔으며, 물고기를 잡아먹기 알맞도록 입 모양이 작게 바뀌었다. 아가미가 없는 바다뱀은 폐 호흡을 하는데, 3시간마다 수면 위로 올라와서 숨을 쉰다. 넓은띠큰바다뱀처럼 바다와 육지를 오가는 바다뱀도 있다. 주로 바다에서 생활하다가 알을 낳거나 허물을 벗을 때만 육지로 올라온다.

▶ 넓은띠큰바다뱀: 바다와 육지를 오가는 바다뱀으로, 배에 있는 복반*을 이용해 육지를 기어 다닌다. 2015년, 우리나라 남쪽 바다와 제주에서 발견됐다.

* 복반: 배 쪽에 있는 아코디언처럼 생긴 'V'자 주름으로, 비늘이 변형된 것으로 추정된다. 이 부분을 늘였다 줄였다 하면서 육지를 이동한다.

파충류

독도마뱀 Gila monster
(아메리카독도마뱀)

분류	뱀목 독도마뱀과
학명	*Heloderma suspectum*

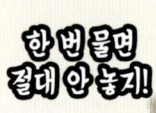
이렇게 독해!

한 번 물면 절대 안 놓기!

기본 정보	
최대 몸길이	60cm
최대 몸무게	2Kg
서식지	북아메리카 남서부 건조 지역

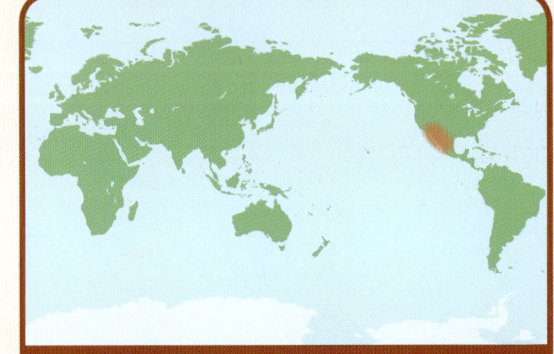
아메리카독도마뱀 서식지

독성 정도 　　공격술 독니로 물기

40

아메리카독도마뱀의 놀라운 비밀

도마뱀 중 지구상 거의 유일하게 독을 지녔어요. '힐라강의 괴물'로 불릴 만큼 무시무시하게 생겼지만, 실제로는 아주 느긋하고 온순하답니다.

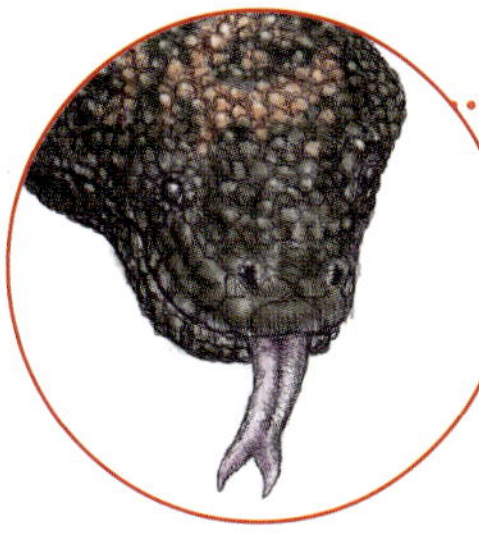

- 온몸이 작은 구슬 알갱이 모양의 비늘로 덮여 있다. 뱀처럼 두 가닥으로 갈라진 혀끝으로 냄새를 느낀다.

- 1년 중 대부분을 땅속에 파 놓은 둥지에서 지낸다. 먹잇감을 찾으러 주로 밤에만 돌아다닌다.

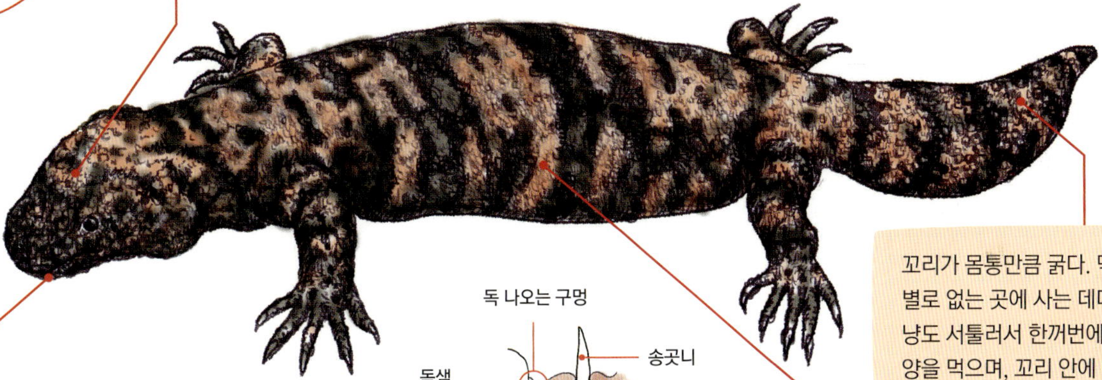

- 꼬리가 몸통만큼 굵다. 먹이가 별로 없는 곳에 사는 데다 사냥도 서툴러서 한꺼번에 많은 양을 먹으며, 꼬리 안에 영양분을 지방 형태로 저장한다.

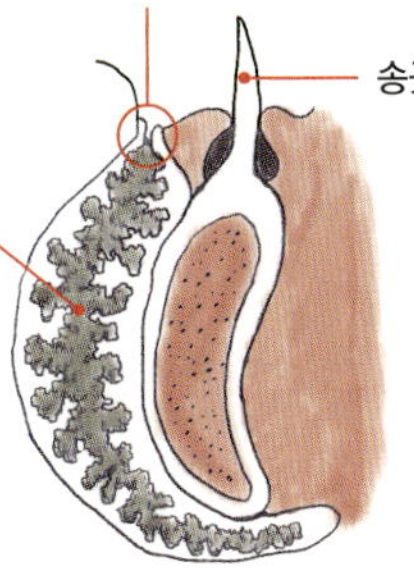

- 아래턱에 송곳니가 나 있으며, 잇몸에 있는 독샘에서 독액이 흘러나온다. 먹잇감을 송곳니로 물면, 독침이 몸속에 유입된다. 그러나 독액이 밖으로 샐 때가 많아서, 먹잇감을 끈질기게 물고 있다.

- 몸 색깔은 경고색을 띠는데, 검은색 바탕에 분홍색 또는 주황색의 줄무늬가 불규칙하게 나 있다.

독샘 / 독 나오는 구멍 / 송곳니

⚡ 힐라강에 괴물이 나타났다!

세계에서 독을 지닌 도마뱀은 아메리카독도마뱀과 멕시코독도마뱀, 딱 2종뿐이랍니다. 그 중 아메리카독도마뱀은 미국 애리조나주에 있는 힐라강 주변에 자주 나타나서 '힐라 몬스터(힐라강의 괴물)'라고 부르지요. 아메리카독도마뱀에게 물리면, 심한 통증과 현기증이 나타나지만, 죽을 만큼 독성이 강하진 않아요. 생김새는 흉악해 보이지만, 성격은 의외로 조용하고 얌전한 편이에요. 움직임도 둔하고, 사냥에 서툴러서 움직이는 동물보다 새나 파충류의 알을 훔쳐 먹는다고 해요.

독도마뱀의 독침이 당뇨병 약이라고?

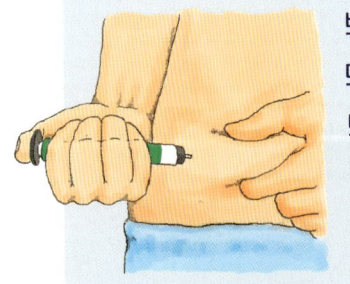

보통 음식을 먹으면, 혈액 안에 포도당* 농도(혈당)가 높아진다. 그런데 아메리카독도마뱀의 침 속에는 혈당을 낮추는 물질이 들어 있어서 한꺼번에 많은 먹이를 먹어도 혈당이 높아지지 않는다고 한다. 한 연구가가 도마뱀을 연구하던 중, 우연히 이 물질을 발견했고, 이후 아메리카독도마뱀 침에서 추출한 물질을 '성인 당뇨병 치료제'로 개발했다.

* 포도당 : 뇌와 몸의 활동 등 인간 생존에 꼭 필요한 에너지를 만드는 물질.

조류

피토휘
Hooded Pitohui
(두건피토휘)

분류	참새목 때까치딱샛과
학명	*Pitohui dichrous*

이렇게 독해!

세상에! 독사만큼 무시무시한 독 새라니!

기본 정보
- 최대 몸길이: 35cm
- 최대 몸무게: 100g
- 서식지: 인도네시아와 파푸아뉴기니 밀림

독성 정도 　　공격술 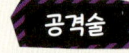 독 저장하기

두건피토휘 서식지

두건피토휘의 놀라운 비밀

두건피토휘는 맹독을 지닌 희귀한 새랍니다. 독벌레를 잡아먹고, 몸속에 독을 저장하지요.

피토휘*는 뉴기니섬 원주민이 부르던 이름에서 유래했다. 1990년, 까만 머리가 '두건(hooded)'을 쓴 것처럼 보이는 두건피토휘가 독을 지녔다는 사실이 처음 알려지면서, 조류도 독이 있음이 드러났다.

깃털 색이 또렷하게 구분되는데, 머리와 날개는 검은색이고, 몸통은 주황색이다. 화려하고 선명한 경고색을 띠며 적으로부터 자신을 보호한다. 베리어블피토휘*는 맹독을 가진 두건피토휘의 깃털 색을 흉내 낸다.

베리어블피토휘

깃털, 피부, 근육 각각에 독을 저장한다. 독성분은 신경독인 '바트라코톡신'으로, 황금독화살개구리와 같다.

두건피토휘는 주로 곤충을 잡아먹는다. 주로 독을 지닌 딱정벌레 종류를 먹고, 몸속에 독을 저장한다.

⚡ 맹독을 지닌 독 새가 나타났다!

피토휘 종류는 저마다 다른 독성을 지녔어요. 그중 두건피토휘가 독성이 가장 강력하답니다. 두건피토휘는 스스로 몸에서 독을 분비하지 않고, 독 있는 곤충을 먹이로 잡아먹고 몸속에 독을 저장해요. 그러나 피토휘의 독은 천적으로부터 자신을 보호하는 방어용일 뿐, 실제로는 뱀처럼 상대를 물거나 먹이 사냥에 이용하지는 않지요. 아주 옛날 중국에서는 맹독을 가진 '짐새'라는 전설의 새가 있었다고 해요. 독을 가진 피토휘가 발견되자, 피토휘가 '짐새'라고 주장하는 사람들도 있었지요. 그러나 문헌에서 묘사된 짐새는 피토휘와는 전혀 다른 모습이라고 해요.

* 피토휘 : 피토휘 종류는 모두 6종으로, 두건피토휘(Hooded Pitohui), 베리어블피토휘(Variable Pitohui), 화이트벨리드피토휘(White bellied Pitohui), 루스티피토휘(Rusty Pitohui), 크레스티드피토휘(Crested Pitohui), 블랙피토휘(Black Pitohui)가 있다. 이 중 화이트벨리드피토휘만 독이 없다.

전설의 독 새 '짐새'

살모사를 잡아먹는 '짐새'는 기원전 3세기 이전부터 중국에 전해 내려오는 '전설의 독 새'이다. 중국 고대 문헌에도 다양하게 등장한다. 짐새의 독을 추출해 만든 독을 '짐독(鴆毒)', 짐새의 깃털을 담근 술을 '짐주(鴆酒)', 짐독으로 사람을 죽이는 것을 '짐살(鴆殺)'이라고 한다. 짐독의 해독제는 코뿔소의 뿔이라고 전해진다.

포유류

오리너구리 Platypus

분류	단공목 오리너구릿과
학명	*Ornithorhynchus anatinus*

이렇게 독해!

귀엽다고 만지면 독 발톱을 쿡!

기본 정보
- 최대 몸길이: 60cm
- 최대 몸무게: 2Kg
- 서식지: 오스트레일리아 동부 지역 하천과 호수

오리너구리 서식지

독성 정도 　　공격술 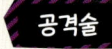 독 저장하기

오리너구리의 놀라운 비밀

오리너구리는 포유류지만, 알을 낳는 원시적인 특징을 지닌 신기한 동물이에요. 귀여운 외모와는 달리, 무시무시한 독 발톱을 숨겨 놓았답니다.

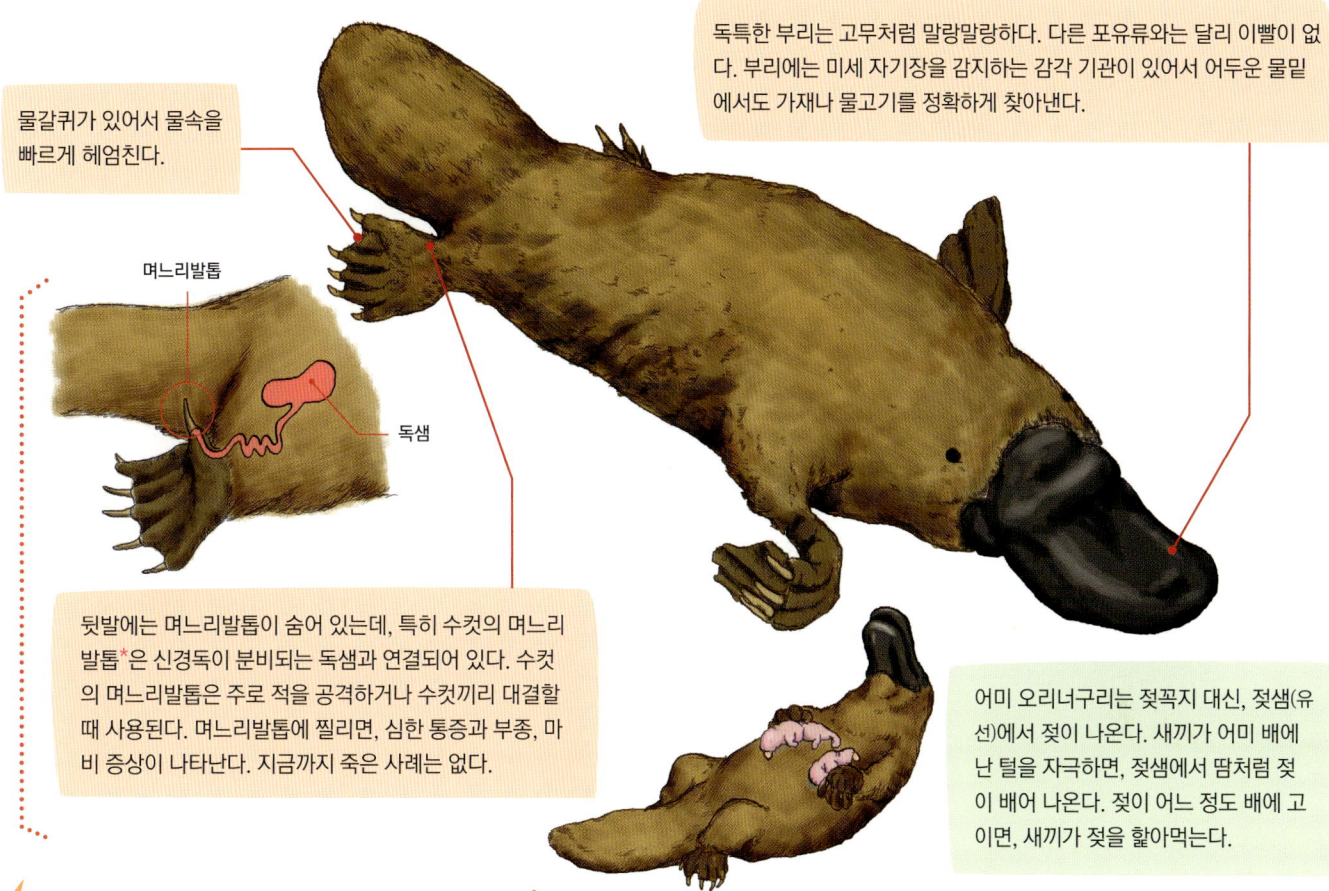

물갈퀴가 있어서 물속을 빠르게 헤엄친다.

독특한 부리는 고무처럼 말랑말랑하다. 다른 포유류와는 달리 이빨이 없다. 부리에는 미세 자기장을 감지하는 감각 기관이 있어서 어두운 물밑에서도 가재나 물고기를 정확하게 찾아낸다.

며느리발톱
독샘

뒷발에는 며느리발톱이 숨어 있는데, 특히 수컷의 며느리발톱*은 신경독이 분비되는 독샘과 연결되어 있다. 수컷의 며느리발톱은 주로 적을 공격하거나 수컷끼리 대결할 때 사용된다. 며느리발톱에 찔리면, 심한 통증과 부종, 마비 증상이 나타난다. 지금까지 죽은 사례는 없다.

어미 오리너구리는 젖꼭지 대신, 젖샘(유선)에서 젖이 나온다. 새끼가 어미 배에 난 털을 자극하면, 젖샘에서 땀처럼 젖이 배어 나온다. 젖이 어느 정도 배에 고이면, 새끼가 젖을 핥아먹는다.

⚡ 세상에서 가장 이상한 동물

오리너구리는 포유류이지만, 오리처럼 부리가 있고, 물갈퀴로 헤엄치고, 알을 낳는 매우 희한한 동물이에요. 또한, 포유류 중 유일하게 독을 지니고 있지요. 수컷 오리너구리는 천적인 딩고*나 독수리를 방어할 때나, 암컷을 차지하려고 수컷과 대결할 때 주로 신경독을 지닌 며느리발톱을 사용해요. 오리너구리의 독으로 개나 새 같은 소형 동물은 죽이지만, 아직까지 사람이 죽은 사례는 없다고 해요.

알을 낳고 젖꼭지가 없는 포유류

오리너구리는 포유류 중에서도 특이하게도 젖꼭지가 없다. 물가에 굴을 파서 알을 낳고, 10일 정도 따뜻하게 알을 품는다. 새끼가 부화하면, 젖꼭지가 아닌 털 사이로 스며 나오는 젖샘에서 젖을 먹여 키운다. 이처럼 젖꼭지가 없는 것과 알을 낳는 특징은 1억 5천만 년 전, 오리너구리의 조상과 매우 비슷하다. 이처럼 오리너구리는 오랜 세월 동안 진화하지 않고 초기 포유류(단공류)의 모습을 간직하고 있다.

* 며느리발톱 : 암컷 오리너구리도 며느리발톱이 있지만, 독은 없다. 태어난 지 1년이 지나면 없어진다.
* 딩고 : 오스트레일리아 대륙에 사는 야생 들개로, 일명 '호주 들개'라고 한다.

마치는 글

독자 여러분은 '독 있는 동물' 하면 어떤 느낌이 드나요? "무서워!", "위험해!", "왜 이런 동물이 있지?" 하고 불쾌한 기분이 들었나요? 독은 어떤 동물에게는 생존하는 데 없어서는 안 될 귀중한 무기예요. 독 있는 동물은 무턱대고 독을 마구 휘두르지 않아요. 대부분 먹이를 사냥하거나 천적으로부터 자신을 보호할 때만 독을 사용하지요. 신기하게도 동물의 독이 인간에게 이로움을 주기도 해요. 동물의 독성분으로 해독제나 치료제를 만들어요. 독사인 블랙맘바 독으로 통증을 줄이는 진정제를 만들거나 전갈의 독으로 관절염약도 만들지요. 내가 어렸을 때, 처음 본 독 있는 동물은 '꽃뱀'이라고 부르는 유혈목이였어요. 그때는 너무 어려서 유혈목이가 독사인 줄도 몰랐어요. 그냥 '예쁜 뱀이네' 하며 만지고 놀다가 놓아주었지요. 나중에 도감을 보다가 독사라는 걸 알고는 얼마나 섬뜩했는지 몰라요. 그 뒤로는 가까이 가지 않고, 멀리서 가만히 지켜만 보았지요. 이처럼 독 있는 동물은 우리 주변 가까이에 살고 있어요. 그렇다고 너무 걱정할 필요는 없어요. 사람이 먼저 자극하지 않는다면, 동물들은 사람을 먼저 공격하거나 해를 입히지 않는답니다. 이제부터라도 동물들의 터전을 지켜주고 함께 공존하는 삶이 무엇인지 탐구해 보면 어떨까요?

이 장을 빌어 고마운 마음을 전합니다. '열대 클럽'의 구도 히로유키 대표님, 신타쿠 고지 선생님, 가와조에 노부히로 님, 도모아키 님, 시로와 츠요시 님, 도모미즈 아키라 님, 마치다 히데부미 님, 후지타 유키히로 님, 후지이 도모유키 님, 호시 카쓰미 님, 가토 마나부 님, 다쿠스 고미네 님, 쓰루타 겐지 님, 고지마 겐타로 님, 고바야시 요시키 님, 아사노 요시모리 님, 그리고 우리 가게 손님 여러분과 직원분에게 감사드립니다. 그리고 노무라 준이치로 선생님, 구도 히로미 님, 천국에 계신 사에구사 치토 님과 날마다 나를 응원하는 가족에게도 깊은 감사를 드립니다.

다카하시 다케히로

찾아보기

ㄱ
가시털 6, 19, 21
강장 25
개구리 10, 32, 33, 37
거친가죽도롱뇽 35
경고색 10, 11, 15, 29, 33, 41, 43
고니오톡신 23
구티사파이어오너멘탈 13
극동전갈 17
극피동물 3, 26

ㄴ
나방 18, 20
나이트아네모네 25
난태생 17
넓은띠큰바다뱀 39
넓적다리불가사리 26, 27
노란배바다뱀 39
노란줄무늬독화살개구리 10

ㄷ
단공류 45
당뇨병 41
대보초청자고둥 29
데스스토커 16, 17
도롱뇽 8, 34, 35
도마뱀 37, 40, 41
독거미 13
독관 37
독낭(독주머니) 29
독니 6, 12, 14, 28, 37, 40
독도마뱀 40, 41
독벌레 18, 20, 43
독사 11, 36, 37, 38, 39, 42
독샘 13, 15, 17, 19, 25, 27, 29, 31, 35, 37, 41, 45
독성분 9, 23, 37, 38, 39, 43
독실 25
독액 13, 15, 17, 21, 35, 37, 41, 43
독전갈물고기 30, 31
독침 6, 8, 16, 17, 18, 20, 21, 26, 31, 41
독화살개구리 10, 32, 33
두건피토휘 42, 43
딩고 45
딱정벌레 33, 43

ㄸ
딸기독화살개구리 10, 33

ㄹ
레서브라운스콜피온 17
로노미아애벌레 18
로노미아오블리큐아 18,19
루스티피토휘 43

ㅁ
마우이말미잘 24
말미잘 24, 25
말벌 21
매끈이송편게 22, 23
멕시코독도마뱀 41
며느리발톱 45
무척추동물 3
문어 28, 29
밀크스네이크 11

ㅂ
바다뱀 39
바분 13
바트라코톡신 33
방울뱀 19
버드이터 13
베리어블피토휘 43
보호색 19
복반 39
복어 8, 9, 29
복어독 23, 29, 35
부채게 23
불가사리 26, 27
불도롱뇽 8, 34, 35
브라질방황거미 13
블랙맘바 38
블랙피토휘 43

ㅅ
산호뱀 11
산호초 27
살모사 43
송편게 22, 23
스칼렛킹스네이크 11
스토너스톡신 31
스톤피시 30, 31

ㅇ
신경독 9, 13, 17, 23, 25, 29, 31, 33, 37, 38, 39, 43, 45
쏠배감펭(라이온피시) 31
쐐기벌레 19, 21

ㅇ
아나필락시스 쇼크 20
아마미휩스콜피온 17
아마존왕지네 14, 15
아메리카독도마뱀 40, 41
악마불가사리 26, 27
앵무조개 29
양서류 3, 32, 34, 35, 38
어류 3, 30
어스타이거 13
연체동물 3, 28
오공 15
오리너구리 44, 45
용혈독 9, 38
우유뱀(밀크스네이크) 11
울긋불긋부채게 23
의태 10, 25, 29, 31
인도코브라 29

ㅈ
자포동물 3, 25
잡목림 21
장군나팔고둥 27
장수말벌 20, 21
전갈 16, 17
절지동물 3, 12, 14, 16, 19, 22
젖샘(유선) 45
조개독 23
조류 3, 15, 42, 43
지구 온난화 27, 29, 39
지네 14, 15
지네 기름 15
지혈제 38
짐새 43

ㅊ
촉수 25
출혈독 9, 19, 37, 38

ㅋ
코브라 11, 37, 38, 39
크레스티드피토휘 43
킹코브라 38

ㅌ
타란툴라 12, 13, 20
타란툴라사냥벌(타란툴라호크) 20
타이거스네이크 36, 37
타이판독사 38
털복숭이애벌레 20
테트로도톡신 23, 29, 35
트리스파이더 13

ㅍ
파란고리문어 28, 29
파이어벨리드스네이크 33
파이어샐러멘더(불도롱뇽) 35
파충류 3, 15, 36, 38, 40
팔리토아말미잘 24, 25
팔리톡신 25
폐 호흡 35, 39
포도당 41
포유류 3,15, 37, 38, 44
폴립 25, 27
푸른독화살개구리 10, 33
플란넬나방 20
피토휘 42, 43

ㅎ
할리퀸슈림프 27
해독제 9, 43
해파리 3, 25
혈청 9, 13, 19
호랑이뱀(타이거스네이크) 36, 37
화이트벨리드피토휘 43
황금독화살개구리 32, 33, 43
후드 38
힐라 몬스터 41

지은이 다카하시 다케히로

'NC 열대 클럽'에서 매니저로 일하고 있어요. 철들 무렵부터 동물에 관심이 많아 늘 동물들에 둘러싸여 살았지요. 고등학교 졸업 후, 요리 전문학교를 거쳐 제과 및 요리 업계에서 일하다가 지금은 동물 돌보는 일을 하고 있어요. 집에서 개, 고양이, 파충류, 양서류, 조류, 어류 등 100마리에 가까운 동물들과 살고 있지만, 개구리만은 무서워한답니다.

감수 신타쿠 코지

생태과학연구기구 이사장이에요. 대학과 대학원에서 동물행동학과 교육공학을 전공했어요. 그 후, 우에노 동물원에서 400종이 넘는 야생 동물을 현장에서 직접 연구하며 동물의 생태와 사육법을 익혔어요. 산과 들에 사는 야생 동물을 만나기 위해 수렵 면허도 땄지요. 대학에서 20년 이상 학생들을 가르쳤으며, 300편이 넘는 자연 다큐멘터리 영화와 과학 프로그램 등을 지도했어요. 또한, 동물원, 수족관, 박물관 등을 세우는 일에 적극 참여해 왔어요. 지은 책으로는《놀라운 동물학》등이 있답니다.

한국어판 감수 이정모

연세대학교와 같은 대학원에서 생화학을 공부하고 독일 본 대학교에서 유기화학을 연구했어요. 안양대학교 교양학부 교수와 서대문자연사박물관 관장을 거쳐 현재는 서울시립과학관장으로 일하고 있습니다. 대중의 과학화를 위한 저술과 강연활동을 하고 있지요. 《달력과 권력》,《공생 멸종 진화》,《해리포터 사이언스》,《유전자에 특허를 내겠다고?》등을 썼으며《인간이력서》,《매드사이언스북》등을 우리말로 옮겼습니다.

옮긴이 정인영

한국외국어대학교와 같은 대학원에서 비교문학을 전공했어요. 옮긴 책으로《귀여운데 오싹해 심해 생물》,《귀엽지만 조심해 위험 생물》,《상상초월 포켓몬 과학 연구소》,〈착각 탐정단〉시리즈,《호랑이와 나》,《우리 집 미스터리 생물 도감》,《외계인도 궁금해 할 이상하고 재미있는 우주 이야기 83》등이 있습니다.

● 일러스트
   도모아키

● 사진 촬영
   가와조에 노부히로

● 사진 협력
   Endless Zone / ORYZA / 가토 마사히로 / Cafe Little Zoo / Kame land Higuchi / 구와바라 유스케 / 동물공화국 WOMA+ / 후지이 도모유키 / Pumilio / Moukinya / Remix Peponi / Rep Japan Ltd. / Wild Sky / aLive / iZoo

● 사진 제공
   세계 담수 수족관 아쿠아 토토 기후 / Image Navi / Getty Images / 아시즈리 해양관/ 선샤인 수족관 / Pixta / 열대클럽 / James Solomon, USDA Forest Service,Bugwood.org

● 편집 · 디자인
   g. Grape 주식회사

굉장해! 더 독한 동물도감

초판 1쇄 인쇄 2019년 11월 25일
초판 1쇄 발행 2019년 12월 9일

지은이 다카하시 다케히로
감　수 신타쿠 코지
한국어판 감수 이정모
옮긴이 정인영

펴낸이 김선식
펴낸곳 (주)스튜디오다산

경영총괄 김은영
책임편집 한유경 **디자인** 김은지
콘텐츠개발본부장 채정은 **콘텐츠개발2팀** 한유경 김은지 강푸른
마케팅사업본부장 도건홍 **마케팅팀** 오하나 안현재 **채널홍보팀** 안지혜 정다은
영업사업본부장 오선희 **영업팀** 이선희 조지영 강민재
경영관리본부 허대우 하미선 박상민 김민아 최완규
외부스태프 교정교열 백승온

출판등록 2013년 11월 1일 제406-2013-000112호
주소 경기도 파주시 회동길 357 2층
전화 02-703-1723 **팩스** 070-8233-1727
다산어린이 카페 cafe.naver.com/dasankids **다산어린이 블로그** blog.naver.com/stdasan
종이·인쇄·제본 (주)갑우문화사

ISBN 979-11-5639-812-7 73490

• 책값은 뒤표지에 있습니다.
• 파본은 본사 또는 구입한 서점에서 교환해 드립니다.
• KC마크는 이 제품이 공통안전기준에 적합하였음을 의미합니다.
• 아이들이 책을 입에 대거나 모서리에 다치지 않게 주의하세요.

생물 분류법

생물은 큰 분류부터 차례로 '계', '문', '강', '목', '과', '속', '종' 단계로 나누어요. 같은 특징이 많은 '종'을 모아 '속'이라고 분류하는 것처럼, '과'는 비슷한 '속'이, '목'은 비슷한 '과'가 모인 것이지요. 동물원의 안내판에는 보통 '○○목 ○○과'라고 표시되어 있어요. 이처럼 '목'과 '과'를 알아 두면, 어떤 동물이 가까운 사이인지를 알 수 있답니다.

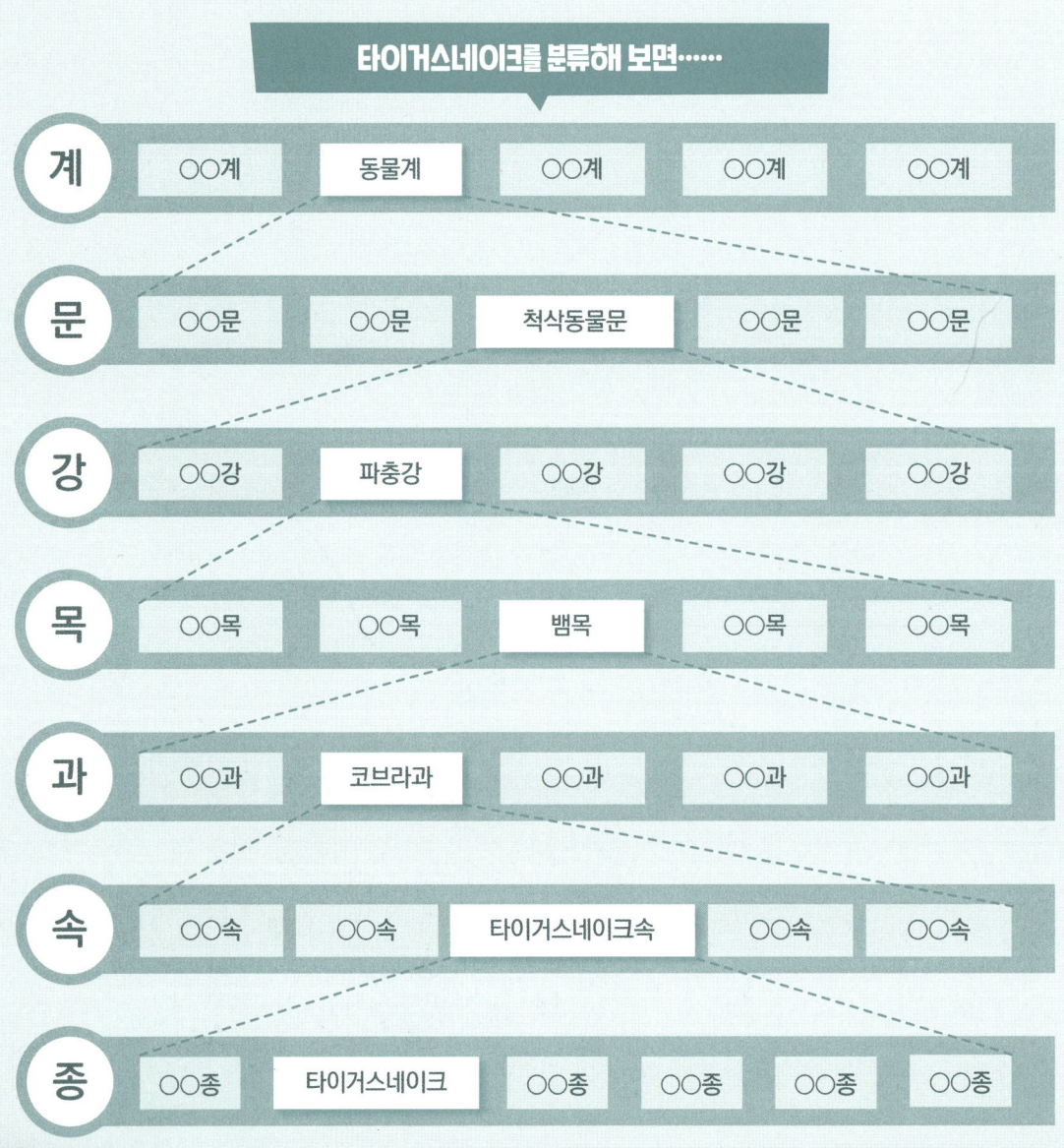